LA MIRADA DE LOS PECES

Biblioteca Alba y Mayo / Teatro, N.º 21

LA MIRADA DE LOS PECES
TEATRO BREVE

Fernando Collada

Ilustraciones de
Miguel Etayo Gordejuela

Prólogo de
Fernando Doménech

Ediciones de la Torre
MADRID, 2025

FERNANDO COLLADA es profesor de Literatura. Es autor de *Antología adaptada para un taller de teatro* (2015, 2023 segunda edición), de *Plantas de Interior y otras piezas de teatro breve* (2023) y de *Taller de Teatro. Manual práctico* (2024); todos ellos publicados en Ediciones de la Torre. Ha publicado estudios, artículos y dictado conferencias sobre el ámbito teatral. Algunas de sus obras han sido llevadas a escena por la compañía teatral Estudio 2, dirigida por Manuel Galiana. Desde 1988 viene conduciendo gurpos de teatro, colaborando con grupos profesionales e impartiendo cursos de formación para profesores.

MIGUEL ETAYO GORDEJUELA es profesor de Historia y doctor en Filología Románica. Ha traducido al castellano escritos de artistas modernos como Delacroix, Rodin, Camille Claudel... y colaborado en las publicaciones colectivas *Ciudad en obras*, *Metáforas de lo urbano en la literatura y en las artes* y *La ciudad como espectáculo*. Es autor de libros y numerosos artículos sobre cuestiones relativas a ciudad y ficción, arte y música.

©

De la obra:
Fernando Collada Rodríguez
De las ilustraciones:
Miguel Etayo Gordejuela
De esta edición:
EDICIONES DE LA TORRE
Espronceda, 20 - 28003 Madrid
Telf: 689 050 191
info@edicionesdelatorre.com
www.edicionesdelatorre.com
ET Index: 684AMT21
Primera edición: diciembre 2025
ISBN: 978-84-7960-847-7
Depósito Legal: M-24339-2025
Impreso en España / *Printed in Spain*
Gráficas Ulzama,
Huarte (Navarra)

A María José, Javier y María: mi vida.

El deseo es el gran asunto del teatro,
ese deseo que nos constituye y a la vez nos fragiliza.
Ese deseo al que podemos sacrificar acaso todo lo demás.

JUAN MAYORGA

PRÓLOGO
AÑORANZAS DEL GÉNERO CHICO

Hubo un tiempo en que el género chico triunfaba en los escenarios de toda España. En una época de crisis política y económica en que el teatro se había hecho demasiado caro para gran parte de la población, tres actores crearon una nueva fórmula teatral que les permitía reducir el precio de las entradas y mantener abiertos los teatros. Se trataba del «teatro por horas», un sistema que permitía que, en el tiempo que duraba un tremendo dramón romántico, se representaran tres obras cortas con entradas muy baratas en cada sesión. Esta manera nueva de hacer teatro gozó de un éxito inmediato. De pronto, era necesario disponer de muchas obras breves para satisfacer la demanda de un público ávido de novedades. Había nacido el «género chico».

Considerado un género menor y despreciado durante mucho tiempo, lo cierto es que el paso del tiempo ha venido a colocar el género chico entre las producciones dignas de ser recordadas como parte del legado teatral de su tiempo, mientras que las grandes figuras han desaparecido de nuestra memoria. ¿Quién se acuerda de Eugenio Sellés, de José Feliú i Codina, o del gran José Echegaray, que mereció el Premio Nobel de Literatura? En cambio, todavía algunos siguen -seguimos- tarareando «Una morena y una rubia / hijas del pueblo de Madrid», o «Pobre / chica / la que tiene que servir».

Pocas personas conocen el género chico como Fernando Collada. Durante un tiempo fue el responsable de una benemérita colección de obras de este género en que se publicaron, en formato de bolsillo y a un precio muy asequible, obras como *La golfemia*, de Salvador María Granés, *¡Amén!* o *El ilustre enfermo*, de Tomás Luceño, o *El bateo*, de Antonio Paso y Antonio Domínguez. Los pocos números de esta colección permitían al lector comprobar la extraordinaria frescura del género, la forma en que se retrataba la sociedad de finales del siglo XIX con un punto de ironía, mucho de crítica social y mucha comprensión por las manías, aspiraciones y problemas del honrado pueblo.

Fernando Collada no se ha limitado a estudiar y editar el género chico, sino que, con una inextinguible paciencia, viene dando a la imprenta los frutos de su fértil imaginación en la estela de aquellos autores o de Ramón de la Cruz, fiel cronista de un tiempo de abates, cortejos y castañeras picadas. El mundo que refleja en las obras reunidas en *La mirada de los peces* es el de las vecinas del barrio, el de los estudiantes del Instituto de la esquina, el de los jubilados que pasean juntos para tomarse un café y hablar con alguien. Si hacemos excepción de una visita a Enrique de Villena en el Madrid del siglo XV en sus «Variaciones sobre el tema del libro: *Scripta manent*», y un recuerdo del acoso a que eran sometidos algunos libreros en el franquismo, que aparece en «Variaciones sobre el tema del libro: Guerrillas de papel», todas las obras breves que se reúnen en este volumen son de una palpitante actualidad.

Castigat ridendo mores. Para decirlo en castellano: «Corrige las costumbres con la risa». Este lema de la comedia está presente constantemente en la obra de Fernando Collada. A pesar de que en el fondo de muchas de sus historias late un drama, el tono es siempre regocijado, es el de una amable compasión por los seres desvalidos que pueblan estas piezas, un tono que a menudo nos hace reír de sus ridiculeces, que son las nuestras, pero que en general se mantiene en el terreno de la sonrisa. Es verdad que alguna vez se permite una pequeña maldad, como el *zasca* que le pega al insufrible pelmazo conspiranoico, antivacunas y enemigo de los impuestos que aparece en «La cara del que sabe». Un poco más allá va en «Pollo en salsa», donde da la receta para cargarse con matarratas a un odioso marido maltratador.

Pero eso no es la tónica general. De su mirada empática es el mejor ejemplo la obra que cierra el libro, «Elogio del ahorro». En ella seguimos el paseo de dos ancianos solitarios, Agustín y Bernardo, y comprobamos cómo este último es un auténtico *tontolaba*, un incauto que cree todos los bulos que le llegan a través de las redes sociales:

no duerme pensando en los okupas que lo van a dejar sin casa, en los ladrones que le van a robar el dinero que tiene en casa… Agustín, el personaje razonador, intenta hacerle entrar en razón, pero se queda atónito al comprobar que el dinero que guarda Bernardo, una pequeña fortuna, está en pesetas y no le va a servir de nada. Pero es su amigo. Podría desengañarlo y decirle la verdad, pero decide seguirle la corriente e invitarle a un café.

Bienvenidos, lectores, a este mundo de madres muy muy pesadas y adolescentes insoportables, de ladronzuelos sin suerte, de dependientas y camareros, de barrios que están dejando de serlo para convertirse en destinos turísticos, de mujeres solitarias, de *selfies* e *influencers*. La ciudad de nuestros días reflejada en la mirada comprensiva y un poco moralista de Fernando Collada.

Fernando Doménech
Real Escuela Superior De Arte Dramático

LA SONRISA DE RONALDO

ESCENA I

Escaparate de un bazar de barrio en vías de gentrificación. NICO *y* ÁLVARO, *de mediana edad, miran los productos. Durante un rato guardan silencio.*

NICO: ¿Entonces te vas? No me lo puedo creer. Tú no lo has pensado bien.

ÁLVARO: No sé, Nico. Llevo una vida de mierda. Ya lo ves, cada vez hay menos trabajo. Aquí no me voy a hacer famoso. ¿Te he contado lo que me dijo Cristiano Ronaldo?

NICO: ¡Sí, me lo has contado mil veces!

ÁLVARO: (*Inasequible.*) Le pedí un autógrafo. Se me quedó mirando y… muy serio, el tío… me dijo: «Chaval, tienes cara de estrella de cine. Cualquier día te veo en una revista». ¡Qué crack!

NICO: Pues ve a un concurso de televisión, te lo he dicho muchas veces. Es la manera de hacerse famoso.

ÁLVARO: (*Recordando aún.*) Me lo dijo con esa sonrisa…

Nico: (*Molesto.*) ¿No dices que te miró muy serio?

Álvaro: Al principio estaba serio, pero luego sonrió.¿Tú has visto qué dientes tiene? ¿Cómo voy a ir a un concurso con estos dientes?

Nico: Lo que tienes que hacer es volver a trabajar. Y luego te cambias los dientes.

Álvaro: ¿Dónde? Si cada vez hay menos tiendas. Este chino es de lo poco que queda. ¿Sabes qué han puesto donde trabajaba yo? Un restaurante de *sushi*. Unos japoneses lo llevan. (*Riendo.*) ¡Mucho *sushi* van a comer los del barrio! A ver lo que dura.

Nico: ¡No te enteras, Álvaro! No son los del barrio, son los turistas los que van a entrar en el restaurante.

Álvaro: Por eso me tengo que ir. Aquí ya no hay nada para mí. Me voy a Irlanda o a Alemania, que pagan buenos sueldos y me han dicho que con saber español vale. Y te dan casa y todo, no como aquí...

Nico: Sí, creo que dan masajes después de trabajar.

Álvaro: (*Crédulo.*) ¿Sí? ¡Lo que sabes! (*Cargado de razón.*) Lo que te digo. Este es un país de mierda.

Nico: (*Dejándolo por imposible.*) Escucha... yo te voy a decir lo que vamos a hacer: voy a abrir un restaurante y tú vas a ser jefe de sala. ¿Cómo te quedas?

Álvaro: ¡No jodas!

Nico: Como lo oyes.

Álvaro: ¡Cómo mola! ¿Iré con gorro de camarero? A mí siempre me ha flipado ese gorro tan alto, que no se les cae, a los jodíos.

Nico: ¿Yo qué sé si tendrás gorro? (*Ante su desilusión.*) ¡Vale, te pondré un gorro! Pero los altos son los de los cocineros. Ya buscaremos uno de camarero.

Álvaro: (*Entusiasmado de nuevo.*) Es que un camarero con su gorro impone más. Ya estoy viendo las fotos en Instagram: Álvaro García, del restaurante... ¿cómo se va a llamar?

Nico: (*Desesperado.*) ¡Aún no lo sé, tío!

Álvaro: ¡Lo veo un poco verde, Nico!

NICO: ¡No está verde! Va a ser un restaurante ecológico y de fusión.

ÁLVARO: (*Perplejo.*) ¿Y ahí qué se come?

NICO: La gente hoy en día más que comer quiere vivir una experiencia gastronómica.

ÁLVARO: (*Asombrado.*) ¡Tío, qué cabeza tienes! ¡Lo que sabes!

NICO: (*Halagado.*) Es que me informo. Hay que estudiar por dónde van los gustos de la gente. Hay que innovar. Haremos ensalada de burrata, huevos rotos, torreznos, carrillera, patatas con trufa, queso provolone…

ÁLVARO: Tú tenías que haber sido ministro… por lo menos.

NICO: (*Orgulloso.*) Algún día… quién sabe. Así que, lo dicho: nada de irse fuera.

ÁLVARO: (*Lanzado.*) En cuanto compremos el pan nos vamos a ver ese restaurante.

NICO: (*Didáctico.*) Como te he dicho, de momento es un proyecto. Necesito resolver primero unos detalles.

ÁLVARO: (*Decepcionado.*) Ah… ¿qué detalles?

NICO: Necesito algo de capital para comenzar. ¿Tú no tendrías…?

ÁLVARO: Doscientos euros en la cuenta.

NICO: Ya… (*Rehaciéndose.*) No hay problema. Lo tengo todo previsto. ¿Conoces esa tienda en el mercado? «Herrera». No es un puesto, son varios: carnicería, charcutería, bar de *delicatessen*… voy a ocuparme de que aporten capital. ¡Están forrados!

ÁLVARO: (*Deslumbrado.*) ¡Tío, mira que hablas bien!

(*Entran en el bazar.*)

DEPENDIENTE: ¿Qué les pongo?

NICO: Dos barras bien cocidas.

DEPENDIENTE: Enseguida.

ÁLVARO: ¿Vamos a comprar el gorro?

Nico: (*Resignado.*) Bueno…

Álvaro: La voy a subir a Instagram. Pero sin reírme, para que no se me vean los dientes.¿Tú crees que seré famoso como decía Ronaldo?

(*El* Dependiente *les da el pan. Salen. Oscuro.*)

ESCENA II

Cola de la charcutería «Herrera». Esperando, Álvaro *y* Nico*. Este mira insistentemente alrededor.* Álvaro *se ha quedado embobado contemplando los jamones.*

Álvaro: ¿Pero tú te has dado cuenta de cómo brillan?

Nico: Es por la luz. Les enfocan luces led.

Álvaro: ¿Como en las discotecas?

Nico: Eso es.

Álvaro: Es que brilla todo, colega. Chorizo, cecina, chicharrones… ¡Es de primera calidad! Esto no es como en la tienda en la que yo trabajaba.

Nico: ¡Pues claro! Por eso venimos aquí. Es el mejor puesto de todo el mercado. ¿Has visto la cola que tiene? ¡Si hasta se han expandido! Los puestos de los lados son del mismo propietario: «Carnicería Herrera», «Herrera Gastrobar»… Que es para degustar las *delicatessen*. Eso es tener visión de negocio. Han sabido ver por dónde van los tiros de los mercados tradicionales. ¿Tú no has visto el mercado de San Miguel?

Álvaro: No.

(*A lo largo de la conversación, se mueve la cola y se van acercando al mostrador.*)

NICO: (*Suficiente.*) ¿Es que tú no sales del barrio? ¡Hay que informarse, colega! El mercado de San Miguel está lleno de gente que busca una experiencia diferente. Los puestos son como chiringuitos, ya no se vende cuarto kilo de mortadela, sino un montadito de burrata, ¿entiendes? Es lo que vamos a hacer en el restaurante: ofrecer experiencias gastronómicas.

ÁLVARO: ¡Cuánto sabes!

NICO: (*Halagado.*) Es que viajo. ¿Has visto el mercado de la Boquería? (*Gesto negativo de* ÁLVARO.) Pues igual. Y en Madrid se extiende: el de San Ildefonso, el de San Antón…

ÁLVARO: ¿Y el currante que quiere mortadela qué hace?

NICO: ¿Quién va a comprar mortadela? ¿No ves que en esos sitios ya no viven vecinos? Viven turistas que no necesitan hacer la compra. Y si quieren algo, van al *minimarket*.

ÁLVARO: ¡Mira que eres listo! Tú tenías que haber sido catedrático… ¿qué digo?… ¡concursante de Pasapalabra!

NICO: (*Incapaz de simular modestia.*) Si tuviera más tiempo… no te digo yo que no.

ÁLVARO: Los próximos somos nosotros.

NICO: Tranquilo. Tú déjame hablar a mí.

(*El cliente anterior paga y se va.*)

CHARCUTERO: ¿Qué les pongo?

NICO: (*Se abre ligeramente la chaqueta y enseña una pistola. Vuelve a cerrarla.*) Nos va a poner todo lo que tenga en la caja. Necesitaremos una de esas bolsas de «Charcutería Herrera» para llevarlo. (ÁLVARO *se sorprende. Abre la boca de forma desmesurada.*)

CHARCUTERO: (*Muy nervioso.*) Sí, sí, no pasa nada. Tranquilos. Ahora voy. (*Abre la caja y comienza a meter billetes.*)

NICO: (*Dominando la situación.*) Eso es. Siempre he dicho que «Herrera» es la mejor. (*A* ÁLVARO.) Ahí lo tienes. Profesionales en todo momento.

ÁLVARO: (*Con los ojos como platos. Deseando participar.*) ¡Y rapidito!

NICO: ¡Calla tú! Te he dicho que me dejes a mí. ¿Por qué va a ir rápido? Estas cosas necesitan su tiempo. Nada de escándalos.

(*Los clientes de detrás comienzan a extrañarse. Alguno cuchichea. NICO mira a ambos lados asegurándose de que no llaman la atención. Se acerca por el pasillo un grupo de turistas con sus auriculares, encabezados por una guía, que destaca por un paraguas de colores. Paran en la charcutería.*)

GUÍA: (*Explicando al grupo a través del micrófono.*) Como les decía, en los mercados tradicionales como este aún quedan tiendas («*puestos*», *los llamaban*) que se especializan en ciertos productos, como en este caso la charcutería. Ahí ven los jamones, chorizos, y otros embutidos. Es un buen ejemplo de la vida en los barrios tradicionales de Madrid. Este caballero, por ejemplo (*Se dirige a ÁLVARO.*) ¿Por qué compra en este establecimiento?

ÁLVARO: (*Orgulloso de su protagonismo.*) Pues... lo hemos elegido porque es el mejor.

(NICO, *intranquilo, no sabe cómo desviar al grupo de turistas.*)

GUÍA: Eso parece. Tiene una buena cola. (*A los turistas.*) Como ven, la gente es capaz de esperar con tal de llevarse productos de calidad. Es parte de la idiosincrasia madrileña. Este señor...

ÁLVARO: ¡Alvaro García! (NICO *le da un codazo.*)

GUÍA: Álvaro... tan amable, es un buen ejemplo de la simpatía y la hospitalidad madrileña.

(*Los turistas sacan fotos de* ÁLVARO *y de la charcutería.* NICO *se desespera.*)

GUÍA: ¡Pero siga comprando, Álvaro! No le queremos interrumpir. ¿Qué se va a llevar? Así les da una idea a los turistas.

ÁLVARO: (*Mira a* NICO.) ¿Qué nos llevamos, tío?

NICO: (*A regañadientes, a* ÁLVARO.) ¿Qué quieres?

ÁLVARO: (*Ilusionado.*) ¡Yo jamón de ese brillante!

GUÍA: (*Al micrófono.*) ¡Álvaro sí que sabe! Ya lo han oído: jamón brillante… ibérico. Luego les llevaré a una tienda de recuerdos, por si quieren llevarse una camiseta del Real Madrid, o un toro. Pero no pierdan la oportunidad de llevarse un poco de jamón. Y no se olviden: ya se llevan lo más valioso. La foto de un vecino de Madrid.

CHARCUTERO: (*A* ÁLVARO, *entregándole el paquete de jamón.*) Son 40 euros.

ÁLVARO: (*Mira a* NICO, *que saca la cartera y, furioso, le da el dinero. Paga. A* NICO.) ¡Tío, ya soy famoso! ¡Tenía razón Ronaldo!

NICO: (*Sale tirando de* ÁLVARO.) ¡Vamos, imbécil!

(*Los turistas charlan animadamente. Algunos hacen sus pedidos al eufórico* CHARCUTERO. *Oscuro.*)

ADOLESCENCIA

Bar de barrio. En la barra, un CAMARERO. *Entran una madre,* LIDIA, *vestida de manera muy formal, con* NURIA, *su hija adolescente, que se sienta enfurruñada.*

LIDIA: Niña, esa no es forma de entrar en un establecimiento (NURIA *no contesta. Coge el móvil.*) ¡Te estoy hablando! Guarda el teléfono y óyeme.

NURIA: Te oigo.

LIDIA: Si me oyes, hazme caso.

NURIA: Te oigo pero ya no te escucho.

LIDIA: ¡No seas impertinente, niña! Guarda el teléfono, te digo.

NURIA: (*Lo hace, a regañadientes.*) Debes de ser la única persona de este planeta que llama teléfono al móvil.

LIDIA: Pues es más correcto, que lo sepas. Debemos ser correctos al hablar, hay que ser precisos. Muchas cosas son móviles, pero sólo una es teléfono.

NURIA: Eso está bien si una habla consigo misma, pero tenemos que entendernos con la gente normal.

LIDIA: ¡Qué respondona eres, niña! Estás en edad de escuchar y aprender de los mayores.

(Se acerca el CAMARERO.*)*

CAMARERO: Buenos días. ¡Nuria, qué mayor te veo! ¿En qué curso estás ya?

LIDIA: (*Se adelanta a responder.*) Ya va a hacer bachillerato.

CAMARERO: ¡Bachillerato ya! Pronto en la universidad. (*Añorante.*) ¡Qué años más bonitos los de la universidad! ¡Y qué pena que se acabaran tan pronto! Pero, en fin, es la vida…

LIDIA: Para eso tiene que estudiar más. Pierde mucho el tiempo.

CAMARERO: Seguro que lo va a hacer muy bien. Es muy lista.

LIDIA: Se distrae mucho con el teléfono (*Gesto de disgusto de* NURIA.)

CAMARERO: Eso nos pasa a todos. Es el signo de nuestro tiempo. ¡Y ahora al instituto! Es una etapa nueva.

LIDIA: (*De nuevo se adelanta.*) ¡No! Sigue en el colegio, que las monjas la llevan recta como una vela. Precisamente ahora vamos a comprar el uniforme para el próximo curso.

CAMARERO: Ay, el uniforme… Qué poco nos gustaba el uniforme. Recuerdo que el último curso fuimos con los uniformes pintados y rotos… (*Ríe.*)

LIDIA: (*Interrumpiendo, seria.*) Pues yo no. En mi colegio estábamos tan contentas con el uniforme. (*Transición.*) ¿Qué menú tenemos hoy?

CAMARERO: Eh… claro. Tenemos ensalada y sopa de primero; y de segundo, salmón y pollo. O bien, un cocido completo. ¿Qué le apetece a Nuria?

LIDIA: ¡Vamos! ¿Qué quieres, niña?

NURIA: Nada.

CAMARERO: ¡Pero bueno!

LIDIA: (*Enérgica.*) Nos pone directamente el pollo para las dos.

CAMARERO: ¡Marchando!

(Se va tras la barra.)

LIDIA: ¡Niña, tienes que comer! Anoche no cenaste y esta mañana has salido sin desayunar. Eso no es plan. Ya sé yo lo que te pasa. (*Pausa.*) Esos pantalones son de pordiosera. Una chica de tu clase…

NURIA: (*Cortándola.*) ¿Qué clase, mamá? ¿Puede saberse a qué clase te refieres?

LIDIA: Donde esté un uniforme como es debido… Esos pantalones rotos por todas partes no te los vas a poner. Ya sé yo que para eso quieres ir al instituto, para vestirte como una mamarracha y hacer el zángano con los chicos.

(*El* CAMARERO *sirve el pollo.*)

CAMARERO: Que aproveche.

LIDIA: Gracias. (*A* NURIA.) Venga, come. (NURIA *no hace caso.*) He dicho que comas, niña. Al final vas a enfermar. ¡Que comas te digo! (*Coge el tenedor.*) ¡Mira que al final te voy a dar un bofetón! (*Pincha el pollo.*) Haz el favor de llevarte un trozo a la boca, mira que no quiero dar el espectáculo delante de la gente. (*Coge un trozo minúsculo y lo mordisquea sin tragar.*) ¡Niña, por lo que más quieras! (*Pausa.*) Tú lo que quieres es acabar con tu madre. No sé lo que tienes contra mí, pero vas a matarme a disgustos. ¿Por qué no quieres ser una niña como cuando eras pequeña? (*Añorante.*) Eras monísima, la más guapa de todas. Mis amigas lo decían: «¡Qué niña más mona tienes, Lidia!». Yo era la envidia del vecindario. Te sacaba a pasear y no podía dar un paso, porque todos me paraban y me pedían hacerse fotos contigo. ¡Es que estabas preciosa! Además, no es por nada, pero no había niña mejor vestida que tú. Te llevaba con unos vestiditos de pasarela. Claro, así querían hacerse fotos contigo. A saber qué contarían luego, cuando enseñaran la foto. Lo mismo decían que eras hija suya. Porque la gente es así, envidiosa y mentirosa. Tú no hagas caso de la gente. Sólo haz caso de tu madre, que nadie más que tu madre sabe lo que te conviene. (*Vuelve a mirarla.* NURIA *la observa con curiosidad.*) ¿Qué miras? ¿No oyes que comas?

NURIA: Te oigo, pero no te escucho.

LIDIA: (*Perdiendo los nervios.*) ¡Que comas de una vez! (NURIA *comienza a comer de forma compulsiva. Traga sin apenas masticar.*) ¡Niña, come como una persona! Esa no es forma de comer, como los animales. ¡Haz el favor de masticar! ¡Niña, hazme caso! (NURIA *se atraganta, tose, y hace gestos de no poder respirar.*) ¡Ay, mi niña, que se me muere! ¡Socorro, que se ahoga!

(*El* CAMARERO *corre a auxiliarla. La levanta, la golpea varias veces en la espalda, luego la presiona el vientre repetidamente, vuelve a golpearla en la espalda, hasta que consigue que expulse el trozo de pollo.*)

CAMARERO: ¡Qué susto nos has dado, Nuria!
LIDIA: (*Al* CAMARERO, *que está muy orgulloso y sorprendido de sí mismo.*) ¡Muchas gracias! Menos mal que estaba usted aquí.
CAMARERO: De algo me tenía que servir la enfermería.
LIDIA: ¿Es usted enfermero? ¡Qué casualidad!
CAMARERO: Empecé la carrera, sí, aunque la dejé… Mucho ajetreo para mí.
LIDIA: ¡Uy, hizo usted muy bien! Aquí está mejor, mucho más tranquilo.
CAMARERO: (*Asiente sin convicción.*) Claro, eso digo yo.
LIDIA: ¡Esas Urgencias estarán llenas de niñas como esta, que me va a matar! Cualquiera diría que quería ahogarse. ¡Niña, vas a acabar con tu madre! (*Al* CAMARERO.) Lo dicho, muchas gracias.
CAMARERO: No hay de qué. Ahora les retiro los platos y les traigo un café.
LIDIA: No, déjelo. Nos vamos, que tenemos que comprar el uniforme.

(NURIA *agacha la cabeza y salen. El* CAMARERO *las mira marchar. Luego agacha también la cabeza y comienza a recoger resignadamente los platos. Oscuro.*)

LIKES POR UN TUBO[*]

SOFÍA *pasea por los puestos del mercado haciéndose fotos con el móvil. Lleva una pequeña mochila a la espalda y una gorra. Se aproxima, al rato,* DANIELA, *con un aspecto similar. Viene muy alterada.*

DANIELA: ¡Tía, acabo de ver a Gigi Ferrer!

SOFÍA: (*Sorprendida.*) ¡No! ¿La de los 52.000 *followers*?

DANIELA: Iba por la carnicería, firmando autógrafos. ¡Te lo juro! ¡He flipado!

SOFÍA: ¿Te ha firmado un autógrafo?

DANIELA: No he podido acercarme. Me daba cosa. Y no he podido hacer fotos porque no encuentro el móvil. ¡Me ha dado una rabia! Pero eso te demuestra que estamos en el barrio adecuado. ¡Aquí está la gente guay, ya lo ves! Y este mercado es de lo más típico. Me encanta. Los colores de la fruta, los pescados… ¡Va a quedar genial en Insta!

SOFÍA: (*Se hace un* selfie *con* DANIELA, *con el fondo del puesto de la charcutería. Algunos clientes de la cola sonríen, pero otros vuelven la cara, molestos.*) Bueno, guay… según y cómo.

DANIELA: ¿Acaso no te gusta la habitación?

SOFÍA: Sí. (*Riendo.*) Lo de pillar la llave en un candado mola. Parece un juego de Internet.

DANIELA: Esta tarde vamos a la Plaza Mayor, a la churrería esa tan famosa, y luego al Museo del Prado.

SOFÍA: Pero ya lo pillaremos cerrado.

---

[*]Likes *por un tubo* se representó el día 1 de junio de 2025 en la sala Estudio 2, bajo la dirección de Óscar Olmeda. Completaron el reparto Ángeles Porras y Myriam Gas.

DANIELA: ¡Qué más da! Nos hacemos unas fotos en la entrada. Por allí está la Cibeles, y no sé cuántas cosas más, lo he visto en Internet. Y, al final de la tarde, lo mejor de todo va a ser la puesta de sol en frente de la Almudena y el Palacio Real. Por lo visto hay un pequeño jardín elevado que es una pasada. Eso sí, hay mucha gente, hay que ir pronto para coger sitio. (*Busca el móvil en la mochila.*) Nada, que no está. Me lo he debido de dejar en la habitación. (*Ante la actitud retraída de* SOFÍA.) ¿Qué te pasa?

SOFÍA: No sé, tía. No me gustan los vecinos.

DANIELA: ¿Qué dices? ¡Pero si son geniales!

SOFÍA: Serán geniales los otros inquilinos, turistas como nosotros. Pero los vecinos vecinos...

DANIELA: ¡Anda! ¡Qué exagerada eres! (*Se coloca delante de unos jamones.*) Hazme una foto con estos jamones tan brillantes. Es que no encuentro el móvil.

SOFÍA: (*Se la hace.*) Hay uno...

DANIELA: ¿Un móvil?

SOFÍA: No, un vecino. Uno viejo, con una gorra y un bastón que parece un garrote y que me miró con cara asesina esta mañana cuando le hice una foto. Yo estaba bajando por la escalera.

DANIELA: ¿Escalera? Yo he bajado en ascensor.

SOFÍA: Yo también bajaría, pero se ha estropeado. Cuando se lo he comentado me ha dicho que ellos bajan por la liana del hueco de la escalera.

DANIELA: ¿Como los monos? ¡Qué guay! Habrás hecho fotos.

SOFÍA: Yo creo que era broma, tía. Me miraba con odio. Me da miedo volver. Esa garrota es enorme. Y con la gorra calada da más miedo todavía, parece un casco.

DANIELA: Tía, te estás rayando. Seguro que han arreglado el ascensor.

SOFÍA: Llamé a la empresa, dejé el aviso, pero como tienen tu teléfono, te llamarán a ti seguramente.

DANIELA: ¡Pues voy a volver a la habitación a buscarlo! (*Inicia la marcha.*)
SOFÍA: ¡Ten cuidado con el de la garrota!

(*Sale. Al tiempo, entra* AGUSTÍN, *el vecino, con su gorra y su garrota. Mira torvamente a* SOFÍA, *y se dirige a la cola de la carnicería.*)

AGUSTÍN: Quién da la vez?
VECINA: ¡Hola, Agustín! Yo soy la última. ¿Qué, cómo vas?
AGUSTÍN: Aquí andamos, con esta pierna que no me deja vivir. ¡Y se me pone una mala leche! (*Mirando a* SOFÍA.) Menos mal que tengo la garrota, y no veas cómo la manejo.
VECINA: Eres terrible. ¿Qué, a comprar un filetito?

AGUSTÍN: ¿Un filete? ¡Qué va! Vengo a por el conejo. A mí me lo traen vivo, directamente del campo. Me gusta matarlo en casa, de un garrotazo. Está mucho más sabroso, ¡dónde va a parar!

(SOFÍA *mira con cara de pánico.*)

VECINA: Yo lo hago con un poco de tomillo y pimienta, y queda…
AGUSTÍN: Yo me lo como crudo (*Con un guiño.*) Que me da fuerzas… Y los huesos luego los quemo en la escalera. Los uso como ambientador, porque entra cada individuo en el portal, ahora con los pisos turísticos esos…

VECINA: (*Ríe.*) ¡Cómo eres!

(*Vuelve* DANIELA, *disgustada.*)

DANIELA: Nada, tía, que no está. (*Con precaución.*) Me vas a matar, pero me tengo que ir. ¿Para qué voy a ir al Prado, a la Plaza Mayor, si no puedo subir las fotos? Pero sobre todo lo siento por la puesta de sol en la Almudena, que era lo más chulo. Y con eso iba a tener *likes* por un tubo. (*Cortando a* SOFÍA, *que iba a hablar.*) Sí, ya sé lo que me vas a decir, que es una mierda tener que irse, con lo guay que es este barrio, que más típico que esto no lo vamos a encontrar en ningún otro sitio, pero si no lo publico, ¿de qué sirve? Lo siento, de verdad.

SOFÍA: (*Mirando a* AGUSTÍN.) No, por mí no te preocupes.

DANIELA: Pero tú quédate, tía.

SOFÍA: ¡De eso nada! ¿Cómo te voy a dejar colgada? Hemos venido juntas y juntas nos vamos, faltaría más. Ya volveremos...

DANIELA: Lo malo va a ser encontrar otro piso tan chulo como este.

SOFÍA: ¡Qué le vamos a hacer! La próxima vez, aunque sea, pillamos un apartamento... o un hotel...

(AGUSTÍN *golpea con la garrota, triunfal. Oscuro.*)

EL FÓSIL DE MALASAÑA

Comedor familiar en el que pesa más el pasado que el presente. Butacas, mesa central, aparador con fotos y recuerdos. Puertas a izquierda y derecha que dan a la cocina, al dormitorio y a la calle.

Amparo, la madre, entra cojeando, con una caja que deposita en la mesa. Suena el timbre y se acerca a abrir, a la izquierda. Al intentar apresurarse, se intensifica la cojera. Entra Marisa, su hija, con una bolsa.

Marisa: (*Da un beso.*) Hola. Ya no hay quien aparque aquí. El próximo día vengo en metro. El centro ya no está hecho para los vecinos, sólo son bienvenidos los turistas. Es una pena. (*Saca paquetes de pasta, fruta, latas. Hace varios viajes a la cocina para colocarlos, mientras habla.*) Ahora resulta que han cerrado el supermercado de la esquina. He tenido que irme a un Carrefour Express que han abierto dos manzanas más abajo.

(*Amparo se sienta.*)

Amparo: Sí, ahora hay que comprar ahí. Pero todo sabe a plástico. La fruta viene de Noruega y el pan sabe a petróleo. Lo hacen a propósito, para echarnos de aquí. Y por eso, los pocos que quedamos en el barrio estamos mutando. Desde luego, yo me veo cada vez más verde. (*Pausa.*) ¡Que mira que somos pocos! Cuando salgo, me miran como una rareza: soy el fósil de Malasaña. (*Pausa.*) Anda, tómate un café. (*Se levanta. Por el esfuerzo se incrementa la cojera.*)

MARISA: ¿Qué te pasa? ¿Por qué cojeas?

AMPARO: ¡No es nada! Es la humedad.

MARISA: ¿Qué humedad? Si hace meses que no llueve... ¿Qué ha pasado?

AMPARO: Nada... (*Admite, a regañadientes.*) Que me he caído.

MARISA: (*Alarmada.*) ¿Qué hacías?

AMPARO: (*Quitándole importancia.*) Ha sido al subirme para coger esa caja.

MARISA: ¡Mira que te he dicho que no te subas! Si necesitas algo se lo dices a la asistenta, o a mí cuando venga. ¿Y qué te has hecho?

AMPARO: Nada, no ha sido nada. Un poco de dolor en esta pierna.

MARISA: (*Riñéndola.*) ¡No hace falta que acaben contigo! ¡Tú misma lo vas a hacer!

AMPARO: (*Sombría.*) Pues mejor... así acabamos de una vez.

MARISA: (*Asustada, y un poco arrepentida.*) ¿Te hiciste mucho daño? A ver, que te mire. (*La examina.*) Tienes un buen moratón. (*Pausa.*) Mamá, tienes que ir a la residencia. ¿No te das cuenta?

AMPARO: (*Sin hacer caso.*) Enseguida pasará.

(*La mira. Pausa.*)

MARISA: ¿Y qué era eso tan importante que tenías que coger?

AMPARO: Esa caja. (*Por la que dejó sobre la mesa.*) Me acordé de que había cosas de cuando erais pequeños.

MARISA: (*La abre y va sacando recuerdos. Riendo.*) ¡Menudos tesoros! ¡Mira, un disfraz de hada! Esto me lo puse en una función del colegio.

AMPARO: Sí. Papá, que en paz descanse, hizo muchas fotos. Estarán por ahí. (*Claramente afectada por el recuerdo.*)

MARISA: Y este de demonio era de Carlos. (*Riendo.*) ¡Habría que verle, con los cuernos!

AMPARO: (*Sigue absorta en sus recuerdos.*) Las guardaba todas en aquellos álbumes... ¿dónde estarán? Porque era muy cuidadoso. Otra cosa no, pero cuidadoso con sus cosas... Coleccionaba barajas de cartas, porque sabía muchos juegos.

(MARISA *sigue sacando objetos, mientras observa con inquietud su ensimismamiento.*)

MARISA: ¡Mira, la colección de cromos de animales!

AMPARO: (*Sumida en sus recuerdos.*) A mí me enseñó algunos... La brisca... ahora ya no sabría... y nos poníamos por la tarde a jugar. Él se fumaba su pipa y a mí me atufaba... Así me envicié yo a fumar. (*Rectifica como si le reprochara algo.*) ¡No, en pipa no! Sólo cigarrillos, y tabaco rubio, no vayas a pensar... Ahora me fumaría yo uno, fíjate...

MARISA: Mamá, ya sabes lo que te dijo el médico. ¡Ni se te ocurra! Con esa neumonía crónica te mataría.

AMPARO: (*Sombría.*) ¡Bah! ¡Pues mejor, así acabamos de una vez!

MARISA: ¿Quieres dejar de decir tonterías? (*Pausa. La observa. Finge alegría.*) ¡Mira, la colección de cromos de animales! Lo que nos costó completarla...

AMPARO: (*Sumida de nuevo en sus recuerdos. Con rencor.*) Vicenta venía día sí y día también... Cuando sabía que íbamos a jugar. ¡Qué meticona! Y es que le gustaba tu padre... eso se veía a la legua... Se plantaba con cualquier excusa y claro, ahí que se sentaba, como un pasmarote... (*Como respondiendo a una observación.*) No, no, si él se dejaba querer... Era muy presumido.

(AMPARO *saca una cajetilla del bolsillo y extrae un cigarrillo, que se lleva a los labios. Lo intenta encender.* MARISA, *alarmada, se lo arrebata inmediatamente.*)

MARISA: ¿Pero estás loca? ¡Esto te mata, mamá! ¡Te mata!

AMPARO: (*Volviendo a la realidad.*) ¡Maldito médico! ¿Quién quiere vivir en el gueto de Malasaña y encima sin fumar?

MARISA: ¡Si esto es un gueto, razón de más para que vayas a la residencia! Mira como Vicenta sí fue.

AMPARO: (*Agresiva.*) ¡Vicenta no ha ido a la residencia! ¡Tiene gente en su casa! (*Baja la voz. En tono de confidencia.*) No me dejan dormir... Están toda la noche haciendo ruido... fabricando droga.

MARISA: ¡Mamá!

AMPARO: ¡Sí, sí! Tú es que siempre has sido muy inocente... Es como cuando teníais esos pollitos en la caja, y desaparecieron una mañana.

MARISA: (*Recordando.*) Sí, se escaparon.

AMPARO: ¿Qué se van a escapar? (*Riendo.*) Por la noche los metíais en una caja y la dejabais en el cuarto de baño. (*Pausa.*) Aquella noche la caja se cayó a la bañera... Y estaba llena de agua.

MARISA: (*Con terror retrospectivo.*) ¡Pobrecitos! ¿Y qué hicisteis con ellos?

AMPARO: Comimos croquetas de pollo una semana.

MARISA: (*Con reproche.*) ¡Mamá!

AMPARO: (*Transición.*) Voy a por un café.

MARISA: (*Levantándose.*) Ya lo traigo yo.

(MARISA *sale a la cocina.* AMPARO *se levanta y trastea entre los recuerdos de la caja. Saca un viejo sombrero y se lo pone. Se mira en un espejo y ensaya posturas variadas, sumergiéndose de nuevo en el pasado. Entra* MARISA *con una bandeja.*)

MARISA: No te he echado azúcar, porque no te conviene.

AMPARO: (*La mira sorprendida. Riñéndola.*) ¿Cómo estás aún sin vestir? ¡Ya te estás quitando esa ropa de vieja! Van a venir las de Rivera, habrá que sacar pastelitos y limonada. Y los ramos de flores. Vendrán también las de Ibáñez, y las primas de Lolita, que son unas criticonas. ¡Venga, vamos a limpiar los pomos de las puertas con cera, que brillen bien los dorados! (*Soñadora.*) Lolita vendrá con la cinta roja esa que se pone siempre en el pelo… ¡No me gusta su pelo, si te acercas hace cosquillas! (*Riéndose.*) Y las de Ibáñez son como conejos, cuchichean mordiendo las palabras como si fueran zanahorias.

MARISA: (*Asustada, trata de seguirle la corriente*.) Aún falta para que vengan, tranquila. Yo me ocupo.

AMPARO: ¡No, tú no sabes preparar fiestas! ¡Eres vieja! Sacarás el vino agrio y los canapés de cecina rancia. ¡Hay que abrir las persianas para que entre la luz y poner a enfriar la limonada! (*Se levanta, abre las ventanas y, con una sonrisa, se suelta el pelo.*) ¡Hay que poner música y que la oigan todos los vecinos, que sepan que hoy hay fiesta en esta casa, que Amparo se viste de largo y ha invitado a sus amigas! ¡Venga, arréglate, pero no te pongas mucho tacón, que vamos a bailar! (*Intenta dar vueltas para bailar, y se cae.*)

MARISA: (*La levanta.*) Mamá, mamá… Tranquila. Estás muy alterada, y te va a subir la tensión.

AMPARO: (*Volviendo a la realidad.*) Mejor, así acabamos antes.

MARISA: Venga, descansa. Mañana llamo a la residencia y vamos a verla.

AMPARO: ¡La residencia está llena de viejos! Todos en corro, mirándose, a ver quién es el siguiente. (*La mira con picardía.*) Además… Siempre has sido muy inocente…¿has pensado que para eso se necesita dinero?

MARISA: Claro, habrá que vender esta casa.

AMPARO: (*Desolada.*) ¿Esta casa….? (*Mirando con infinita tristeza los cuadros, la caja, los recuerdos desperdigados por la mesa.*)

MARISA: Es la única manera. ¿Lo entiendes? (*Silencio. La levanta y la acompaña hasta la puerta del dormitorio.*) Ahora acuestate y descansa. Mañana temprano vengo. Buenas noches. (*La besa. Espera un momento hasta que se asegura de que ha entrado en el dormitorio. Con preocupación cierra la puerta y sale.*)

(*Pausa. Suena* Gymnopédie No.1, *de Erik Satie. Al rato vuelve* AMPARO. *Acaricia las barajas y los disfraces. Coge una de las fotos del aparador y, con ella en la mano, se sienta en primer término. Con enorme pesadumbre, pero con determinación, saca un cigarrillo y lo enciende, mientras sube el volumen de la música. Fuma obstinadamente, mirando al infinito, y tal vez asoma una lágrima. Oscuro.*)

MENÚ DEL DÍA[*]

Mesón en el centro de la ciudad. Muebles recios de madera bruñida a baye-
tazos. Barra, con sillas altas, a la derecha. El resto de la escena está ocupada por
tres mesas con sus respectivas sillas. Tras la barra, una ventana comunica con la
cocina. Botellas, vasos, bandejas de raciones, así como marcas de publicidad, se
reparten por la escena. En una pizarra, tras la barra, se anuncia el menú del día:
cocido, ensalada, salmón, pollo, bebida, pan, postre y café. Diez euros. La televi-
sión está encendida, con el volumen muy bajo. Suena música de David Bisbal.

Tras la barra limpia vasos VALENTÍN. *Al rato entran* ALICIA *y* ELE-
NA, *dependientas, y se sientan en la mesa del centro.*

ALICIA: ¡Estoy de rebajas hasta los cojones!

ELENA: (*Mira alrededor, avergonzada. Con voz baja.*) ¡Yo también!

ALICIA: ¡Va a vender más vestidos su puta madre!

ELENA: (*Tratando de imitarla, pero con un ojo en el camarero.*) ¡Sí, tía, qué
plastas son algunas!

ALICIA: ¿Plastas? ¡Lo que son es unas hijas de puta, las cabronas! He
pillado a una con un vestido debajo del suyo al salir del probador.
Encima, la muy gilipollas, lo llevaba ceñido, las arrugas parecían
un circuito de carreras.

ELENA: ¿Y has llamado a seguridad?

ALICIA: ¿A seguridad? ¡Casi la mato a hostias!

ELENA: (*Admirada.*) ¡Jo, tía, cómo eres!

---

[*]*Menú del día* se representó el día 9 de febrero de 2024 en la sala Estudio 2, bajo
la dirección de Óscar Olmeda. Completaron el reparto Ángeles Porras y Myriam Gas.

ALICIA: Porque el segurata me ha parado, que si no... La tía se ha sacado el vestido allí mismo, delante del mostrador, pidiendo perdón... Bueno, se ha sacado los dos, porque como era tan ceñido... En bolas se iba a la calle...

ELENA: Tan fresquita, ella...

ALICIA: ¡Tan sinvergüenza! (*Transición.*) Pues después de todo, ¿te quieres creer que el jefe me ha regañado?

ELENA: ¡No!

ALICIA: ¿Cómo lo ves?

ELENA: No hay derecho. Con el interés que has demostrado.

ALICIA: Dice que si la imagen de la marca, que no sé qué...

ELENA: Así es como lo pagan. No saben lo que hacen. Deberían hacerte fija. ¿Qué digo? Deberían hacerte jefa.

ALICIA: (*Modesta.*) Bueno, tampoco exageres.

(*Se acerca* VALENTÍN.)

VALENTÍN: ¿Qué os pongo?

ELENA: ¿Qué hay de menú?

VALENTÍN: Tenemos cocido completo, o bien una ensalada o sopa de fideos de primero; y pollo o salmón de segundo.

ELENA: (*Mira a* ALICIA, *que no contesta.*) ¿A ti el cocido...?

ALICIA: (*Con desgana.*) ¡Cuánta comida! Yo soy incapaz de comer a estas horas... Con la manzana del almuerzo casi me lleno. Por mí, una ensalada y listo.

VALENTÍN: Muy bien. Ensalada de la casa...

ALICIA: No tendrá proteínas.

VALENTÍN: Algo de pollo, bonito...

ALICIA: ¡No, no! Lechuga, tomate y cebolla. Nada más.

VALENTÍN: Vale...

ALICIA: Mejor sin cebolla, que luego me repite.

VALENTÍN: Está bien: una ensalada triste. Y usted, el coci...

ELENA: ¡Uy, no! ¡Cocido! ¡Cualquiera se mete un cocido a estas horas! ¡A las tres de la tarde! (*Disimulando la resignación.*) Yo, otra ensalada.

VALENTÍN: Muy bien. Dos ensaladas tristes. ¡Marchando

ALICIA: ¿Cocido, pollo...? Es que la gente come demasiado.

ELENA: (*A regañadientes.*) Di que sí.

ALICIA: Luego se ponen como focas y entonces sí, a hacer dieta. ¡Pues no te atiborres, gilipollas, y no tendrás que lamentarte! A veces odio a la humanidad. Creo que soy una persona antisocial. Detesto a todo el mundo.

ELENA: (*Amorosa.*)Yo creo que eres encantadora.

ALICIA: ¿Encantadora? Pero si soy un cardo...

ELENA: (*Acerca su mano a la de* ALICIA, *pero ante la indiferencia de ella la retira. Disimulando.*) ¿Y ese anillo?

ALICIA: Me lo regaló mi primera novia.

ELENA: (*A la defensiva.*) ¡Ah! No parece plata...

ALICIA: ¡Qué va! Teníamos quince años. Es aluminio. Pero fue la primera y no me lo quitaré jamás.

(VALENTÍN *sirve las ensaladas y la bebida.*)

VALENTÍN: Que aproveche.
ALICIA: Gracias.
ELENA: Gracias.

(ELENA *comienza a comer con ganas.* ALICIA *sólo picotea la ensalada.*)

ALICIA: Era una chica increíble. Todo vitalidad, rubia... Muy interesante.
ELENA: (*Con la boca llena.*) Con esa edad todo nos parece interesante...
ALICIA: No creas. Tuvo una infancia muy difícil.
ELENA: Eso marca mucho. Yo llevé *bráckets* dos años enteros y me dejó huella. (*Cargada de razón.*) Me volví muy tímida.
ALICIA: Ella mató a su hermana.
ELENA: (*Tras una pausa, sobreponiéndose.*) Sí, eso marca mucho... también.
ALICIA: Fue cuando tenía seis años Su hermana tenía tres más. No paraba de meterse con ella: la empujaba, la insultaba... era una jodida acosadora. En la casa había un pozo seco en el que se escondían para jugar. Un día, cerró el pozo con ella dentro, puso el candado, metió la manguera y abrió el grifo.
ELENA: ¡Qué... bes... (*Corrige.*) qué valiente!
ALICIA: Era muy especial.
ELENA: ¡Y tanto, y tanto! (*Sigue comiendo.*) ¿Cómo se explicaron lo sucedido?
ALICIA: (*Indiferente.*) Culparon al jardinero, de negligencia.
ELENA: (*Acabando la ensalada.*) Ya... Seguro que se lo merecía.

ALICIA: (*Que casi no ha tocado la ensalada.*) Vivimos muchas cosas juntas. Las primeras experiencias sexuales las tuve con ella. Un día casi nos sorprende mi padre (*Riendo*) y saltamos de un balcón a otro... a punto de matarnos... (*Añorante.*) ¡Qué locuras! Hacíamos maniquíes para teatro, nos presentamos a una audición...

ELENA: (*Espontánea.*) Yo peinaba *barbys*.

ALICIA: (*Sorprendida.*) Nosotras las detestábamos.

ELENA: (*Tratando de arreglarlo.*) En realidad les ponía rastas, les pintaba el pelo de todos los colores. (*Trata de reír.*) Ya sabes... al final les rapaba el pelo al cero, a las muy mamonas.

ALICIA: En esa audición empezó mi afición al teatro. Este trabajo no es más que algo temporal. Yo acabaré siendo actriz.

ELENA: (*Embelesada.*) A mí me encanta el teatro.

ALICIA: Es mi pasión desde entonces. Y el cine. Vivir las vidas de los personajes, hacer sentir a los demás emociones a través de la actuación. El vestuario, el maquillaje, las luces, todo me transporta a otra dimensión.

ELENA: (*Emocionada, vuelve a acercar su mano a la de ella.*) A mí, sobre todo, me gustan los musicales. ¡*El rey león* me encantó!

ALICIA: (*Aparta su mano.*) ¿Los musicales? Falsean la realidad.

ELENA: (*Hundida.*) Bueno, algunos son una basura...

ALICIA: (*Mirando el reloj.*) Se me hace tarde.

ELENA: (*Decepcionada.*) ¿Te vas ya?

ALICIA: Es que estoy buscando piso por aquí, por el centro. Los teatros por los que me muevo están en esta zona, y paso de seguir perdiendo el tiempo en el transporte. He cogido unas cuantas direcciones y voy a verlos.

ELENA: (*Improvisando.*) Yo conozco una actriz que vive por aquí.

ALICIA: (*Interesada.*) ¿Ah, sí? ¿Una actriz?

ELENA: (*Suficiente.*) Sí, conozco a varias. (*Animándose.*) He salido mucho, yo, con actrices. Debo de tener algo que las atrae. (*Cada vez más en su papel.*) A una de ellas... Paz... la convencí una vez para que no se suicidara. (*Ya lanzada.*) Su marido la había engañado, estaba decidida a matarse y... y la convencí de que no lo hiciera... ¡Qué coño, el que tenía que morir era el marido!

ALICIA: (*Sorprendida.*) ¿Y qué pasó?

ELENA: (*Simulando indiferencia.*) Que mató al marido.

ALICIA: ¡Qué huevos!

ELENA: ¡Así somos, Paz y yo!

ALICIA: (*Ademán de levantarse.*) Bueno, pues...

ELENA: (*Deteniéndola.*) Ahora que me acuerdo, Paz alquila un piso por el centro...

ALICIA: ¡No me digas! ¡Qué casualidad!

ELENA: (*Nerviosa.*) ¿A que sí?

ALICIA: ¿Podría verlo?

ELENA: Intentaré localizarla. Ya te lo diré mañana, si he dado con ella.

ALICIA: (*Se levanta. Coge la mano de* ELENA.) ¡Tía, eres una amiga! Cuento contigo. Mañana espero tus noticias. Tienes que encontrarme ese piso.

(*Lanza un beso. Sale.* ELENA *se queda con una sonrisa congelada. Se acerca* VALENTÍN *y retira los platos.*)

VALENTÍN: Su amiga no se ha acabado la ensalada. (*Ella no reacciona.*) ¿Quiere algo más? (*Pausa.*) ¡Oiga!

ELENA: ¿Qué me decía?

VALENTÍN: ¿Le traigo algo más?

ELENA: (*Abrumada.*) Tráigame un cocido.

(*Sube la música, ahora de Alejandro Sanz, mientras se hace el Oscuro.*)

LA MIRADA DE LOS PECES

Cola en una pescadería. ROSARIO, *mujer de avanzada edad, mira los pescados expuestos. Llega* AURORA, *de su misma edad.*

AURORA: ¿Quién da la vez?
ROSARIO: Yo soy la última.

(Pausa. AURORA *mira también ensimismada.)*

AURORA: Yo no podría comprar una pescadilla de esas.
ROSARIO: ¿Cómo dice?

AURORA: Las pescadillas, que sería incapaz de comprarlas. Y mucho menos de comérmelas.
ROSARIO: ¿Y eso por qué?

AURORA: Me da pena sólo de verles los ojos. Pero ni una pescadilla, ni un besugo ni ningún pescado grande. No puedo verles los ojos. Tan grandes, tan tristes...

ROSARIO: Resignados.

AURORA: ¡Eso es, resignados!

ROSARIO: Lo que les pasa es que no tienen párpados. (*Gesto de incredulidad de* AURORA.) ¿No lo sabía? Pues sí. No tienen párpados, así que siempre están con esa cara de susto.

AURORA: Pues a mí me dan mucha lástima. Prefiero comprar boquerones, o sardinas pequeñas.

ROSARIO: Tampoco tienen párpados.

AURORA: Me da igual, como no les veo los ojos... (*Pausa.*) Ojos que no ven... Nunca mejor dicho, ¿no le parece?

ROSARIO: Si usted lo dice...

(Pausa. Transición.)

AURORA: ¿Sabe usted qué número ha salido en la lotería?

ROSARIO: No. Yo ya no juego. Nunca me ha tocado nada. Nada bueno... porque la mala suerte me ha tocado toda a mí.

AURORA: (*A lo suyo.*) No sé si termina en seis o en ocho. Lo he mirado en la televisión, pero no lo he visto bien. Es que el mío termina en seis. Si por lo menos me tocara el reintegro, para volver a echar...

ROSARIO: ¿Juega usted mucho?

AURORA: Todas las semanas. Aparte del cupón...

ROSARIO: A mí, como no me ha tocado nunca...

AURORA: Pues a mí, algún pellizco sí que me ha tocado. Ahora: estoy convencida de que me va a tocar el gordo. ¡Vaya si me va a tocar! Después de toda una vida jugando sería muy injusto que no me tocara por lo menos una vez el gordo, ¿no cree? (*Gesto de indiferencia de Rosario.*) ¡Vamos, que no, que no, que a mí me tiene que tocar!

ROSARIO: A mí ya me da igual.

AURORA: Mujer…

ROSARIO: Para lo que me queda…

AURORA ¿Y eso?

ROSARIO: Me lo ha dicho el médico: cualquier día me muero.

AURORA: (*Apartándose un poco, alarmada.*) ¡Qué barbaridad! ¡Eso le ha dicho? ¡Hay que ser burro! ¡Que se muera él!

ROSARIO: ¡Por qué? Al pan, pan, y al vino, vino. No soy amiga yo de disimulos. Hay que mirar a la muerte a la cara, como los peces: sin párpados.

AURORA: No, si eso es verdad… ¿Y qué va a hacer?

ROSARIO: Pues qué voy a hacer, lo de siempre: la compra, la comida, la casa…

AURORA: ¿No va a aprovechar para hacer algo? Yo me iría de viaje. He viajado poco. En realidad sólo he ido al pueblo y a Portugal, que está a tiro de piedra del pueblo. Si yo pudiera… me iría muy lejos, un viaje muy largo visitando Francia, Italia… ¿Por qué no se va, lo que le quede? (*Avergonzada por lo que ha dicho.*) Bueno, que seguro le queda mucho. Ese médico…

ROSARIO: No tengo dinero, ni nadie con quien ir.

AURORA: (*Afectada por la confesión, tratando de arreglarlo.*) ¿Ve? Si hubiera jugado a la lotería, a lo mejor tendría ahora para viajes. Y si a mí me hubiera tocado la lotería, nos iríamos juntas.

ROSARIO: (*La mira con simpatía.*) ¿Juntas, dice? (*Silencio.*) Me espera un viaje… definitivo. A un país del que no se vuelve.

AURORA: Hay quien dice que sí, que conversa con sus seres queridos a diario. Yo tengo curiosidad. ¿Cómo será aquello? Allí se sabe todo. Yo me pondría las botas, ¡se acabaron los secretos de todo el barrio, y de la familia!

ROSARIO: No sé. (*Intentando bromear, a pesar de todo.*) Si se puede volver, ya le contaré si me entero de algo.

AURORA: ¡Eso, viene y me cuenta ce por be los cotilleos del barrio! Bueno, de lo que queda de barrio, porque ahora todos son turistas... (*Pausa. Tiene una idea.*) Tiene que prometerme una cosa.

ROSARIO: Usted dirá.

AURORA: Si se va... (*No encuentra las palabras.*) O sea... si tiene razón el médico...

ROSARIO: (*Interrumpiendo de nuevo.*) Si me muero. Ya la entiendo.

AURORA: ¡Eso! Si ocurre... Como va a venir a contarme los chismes... Y como en el Más Allá, todo se sabe... Lo que ha pasado y lo que va a pasar...¡Qué vergüenza! (*Transición.*) Pero vamos, a lo que iba... cuando esté usted allí, ¿puede pasar por el Salón de Sorteos de Loterías y Apuestas del Estado? Está en la calle Guzmán el Bueno. Claro, que allí ya le dirán, habrá un plano, o un gps de esos. Si no, pregunte. Apunta usted los premios gordos... sólo los gordos, De varios sorteos, así me va tocando... Pero, si no le importa, en vez de presentarse, me manda una carta, por lo menos la primera vez, no vaya a ser que me dé un síncope y le haga compañía... (*Rectifica.*) Que se la haré, pero antes tengo que viajar por Italia...

(*El* PESCADERO, *interrumpiendo, a* ROSARIO.)

PESCADERO: ¿Qué le pongo, Rosario?

ROSARIO: (*Sorprendida.*) Una pescadilla. Me la pone en rodajas. (*A* AURORA, *con decisión.*) Deme su dirección.

PESCADERO: ¿Le quito la cabeza?

ROSARIO: (*Firme.*) No, déjela. Quiero verle los ojos.

(*AURORA busca en el bolso y escribe. Oscuro.*)

POR AMOR AL ARTE

Terraza de un bar. Se sientan ALBERTO *y* SEBASTIÁN, *cuñados.* ALBERTO *lleva una carpeta de dibujo grande que deja con cuidado en el suelo.* SEBASTIÁN *lleva una bolsa con botellas y paquetes. Se acerca el* CAMARERO.

CAMARERO: ¿Qué les pongo?

ALBERTO: Pues... No sé. ¿Qué te apetece?

SEBASTIÁN: Invitarás a algo, ¿no? Qué menos que un cava.

ALBERTO: (*Sorprendido.*) Nos esperan en casa. ¿No querías comprar tabaco? (*Al ver que* SEBASTIÁN *ignora la pregunta, con timidez.*) ¡Sí, claro! Lo que te apetezca. Un cava, ¿por qué no?

CAMARERO: ¡Hombre, alguien que celebra algo! ¿Y qué festejamos?

SEBASTIÁN: (*Deja las bolsas en el suelo.*) ¡Aquí, mi cuñado, que es un artista! ¿Cuántos cuadros has vendido?

ALBERTO: (*Vergonzoso.*) Uno, ya te digo.

SEBASTIÁN: ¡Bueno, pues uno! No se vende un cuadro todos los días.

CAMARERO: ¡Un pintor! Esto va a ser pronto el café Gijón. ¿Un cava entonces?

ALBERTO: (*Con timidez.*) Sí, traiga un cava.

SEBASTIÁN: Entonces, ¿cuántos has vendido?

ALBERTO: (*Molesto.*) Uno, ya te digo. Me ha sorprendido mucho, no me lo esperaba.

SEBASTIÁN: ¡Ya, coño! Digo que cuántos llevas vendidos hasta ahora.

ALBERTO: (*Avergonzado. Le cuesta reconocerlo.*) Ah... Vendidos, sólo este.

SEBASTIÁN: ¡Anda, la leche! ¿Es tu primer cuadro? Yo creí que ya te habías estrenado. Pues tienes que darte prisa. Ya te pilla un poco talludito. Pero bueno, Van Gogh también empezó tarde, y mira la pasta que ganaron sus herederos. ¡Contigo nos vamos a forrar, cuñado! (*Le da una palmada en la espalda, que* ALBERTO *aguanta con resignación.*)

(*El* CAMARERO *trae una botella de cava y un pie con cubeta para mantenerla fría. Sirve un plato de frutos secos. Escancia unas copas. Brindan.*)

ALBERTO: ¡Salud!

SEBASTIÁN: ¡Salud y dinero, cuñado! Que vendas muchos cuadros, a ver si salimos de pobres. Que yo quiero heredar. Repartirás algo cuando se subasten en Sotheby's, ¿no?

ALBERTO: ¡Hombre, claro! (*Con risa forzada.*)

SEBASTIÁN: Confiesa, ¿cuánto te ha dado ese jefe tuyo?

ALBERTO:: Pues... (*No sabe cómo evadir la respuesta. Sopesa la cifra. Acaba elevándola un poco.*) Ciento cincuenta euros.

SEBASTIÁN: ¿Será cabrón? ¡Eso se lo doy yo a la asistenta un día que me pilla generoso! ¡Ese tío es un listo! (ALBERTO, *humillado, sirve más cava para disimular su vergüenza. Mira a todos lados.*) ¿A que te ha hecho firmar un recibo?

ALBERTO: Sí.

SEBASTIÁN: ¡Claro! Es que los artistas sois unos ignorantes. Os la meten doblada. Muy listos para unas cosas, pero inocentes para lo demás. ¿No ves que ese dinero se lo desgravan? Los empresarios metemos esos gastos como donaciones, y nos sale gratis. ¡Tu jefe ha hecho un negocio redondo contigo!

ALBERTO: (*Armándose de valor, con cierto orgullo.*) Bueno, yo me he dado la satisfacción de vender un cuadro.

SEBASTIÁN: ¡Que sí, que sí! Si eso no te lo discuto. Tú, tan contento, claro. (*Riendo.*) Y Cristina, feliz, que se ha quitado un lienzo de la habitación.

ALBERTO: (*Más animado.*) Claro. Si yo no pretendo más que distraerme. Es una afición.

SEBASTIÁN: Bueno, afición... Que llevas un montón con ella. ¿No hiciste una exposición?

ALBERTO: Sí. De joven... Cuando estudiaba Bellas Artes. Luego lo tuve que dejar... Por los niños...

SEBASTIÁN: (*Aleccionador.*) La vida es jodida. Que te diga tu cuñada cómo empezamos nosotros. Cuarenta metros cuadrados y una cama. Eso era todo lo que teníamos. Como para ponerse uno a estudiar. Eso era cosa de los ricos. ¡Anda que no he luchado yo para sacar adelante la empresa! En la vida real, dándome de hostias con los tiburones, porque en ese mundo, o muerdes o te devoran. No hay lugar para dibujitos. (*Transición.* ALBERTO, *incómodo, bebe.*) Vosotros, los artistas, vivís en otra dimensión.

ALBERTO: Hombre..., yo no soy artista...

SEBASTIÁN: ¡Coño, estudiaste Dibujo!

ALBERTO: (*Corrigiendo.*) Bellas Artes. Lo empecé, ya te lo he dicho.

(Suena el móvil. SEBASTIÁN lo coge. Entra un subsahariano vendiendo bisutería y tallas de madera de ébano. Va ofreciendo su mercancía por las mesas. En todas la rechazan.)

SEBASTIÁN: Tu cuñada, que si subimos ya, que necesitan cosas de la compra.

VENDEDOR: *(Por las mesas.)* ¿Compras barato? La hago yo.

SEBASTIÁN: *(Por el VENDEDOR.)* ¡Mira, otro artista! ¿Habrá estudiado Bellas Artes? *(ALBERTO se queda con la sonrisa congelada mirando al subsahariano. Al ver que no reacciona.)* ¿Vamos, cuñado? Las hermanas nos van a echar la bronca.

ALBERTO: Sí... Vete subiendo, que voy a comprar tabaco.

SEBASTIÁN: Vale. Me voy adelantando. *(Coge las bolsas.)* ¡No te olvides de pagar el cava, que estás a por uvas!

ALBERTO: *(Se acerca a la barra. Al CAMARERO.)* ¿Me cobra? *(El CAMARERO le da el tique.)* ¿Ese vendedor viene mucho por aquí?

CAMARERO: Sí, bastante. Trae siempre esas tallas. Por lo visto las hace él. Pero no vende ninguna. Como mucho algún colgante, es todo lo que puede colocar. No sé cómo consigue salir adelante.

ALBERTO: La vida es jodida. *(Paga. Se acerca al VENDEDOR.)* ¿Cuánto valen las tallas?

VENDEDOR: ¡Hago yo!

ALBERTO: Sí, las haces tú. ¿Cuánto valen?

VENDEDOR: Cincuenta euros.

ALBERTO: *(Saca un sobre con el dinero de su cuadro. Cuenta billetes.)* Aquí tienes.

VENDEDOR: *(Le entrega una talla.)* Gracias. ¡Hago yo!

ALBERTO: Claro... Eres un artista.

(ALBERTO coge su enorme carpeta y sale con la talla. El VENDEDOR esboza una enorme sonrisa. Oscuro.)

VARIACIONES SOBRE EL TEMA DEL LIBRO
SCRIPTA MANENT

Mis libros (que no saben que yo existo)
son tan parte de mí como este rostro
de sienes grises y de grises ojos
que vanamente busco en los cristales
y que recorro con la mano cóncava.
No sin alguna lógica amargura
pienso que las palabras esenciales
que me expresan están en esas hojas
que no saben quién soy, no en las que he escrito.

JORGE LUIS BORGES,
«Mis libros», *La rosa profunda*

ESCENA I

Interior del convento de Santo Domingo. Una luz tenue de velas ilumina un pequeño despacho. Manuscritos y libros se apilan en una mesa, tras de la cual lee FRAY LOPE DE BARRIENTOS, *dominico inquisidor de Castilla. Junto a él, de pie,* FRAY ÍÑIGO, *su joven secretario, espera instrucciones.*

Suena música litúrgica, que va enmudeciendo.

FRAY ÍÑIGO: No entiendo por qué no hemos de prenderlo de inmediato.

FRAY LOPE: (*Levanta la vista de los manuscritos.*) Paciencia, hermano.

FRAY ÍÑIGO: (*Con creciente indignación.*) Pero, Fray Lope, las prácticas del Marqués de Villena son públicas en todo Madrid.

FRAY LOPE: Paciencia, digo. Aprende del felino: sus golpes semejan caricias, pero la presa acaba cayendo en sus garras.

FRAY ÍÑIGO: Los incautos acuden a él cada vez en mayor número. Tienen fe en sus prácticas y pierden el temor de Dios. Conocemos de sobra las hechicerías que se practican en esa casa y no hacemos nada ¿No podemos ser tachados de negligentes?

FRAY LOPE: (*Soberbio.*) ¿Acaso me estás acusando?

FRAY ÍÑIGO: (*Asustado.*) De ninguna manera, padre. Mi celo pastoral es el culpable de mis palabras.

FRAY LOPE: Todo a su tiempo, Fray Íñigo. Ya te he dicho que estamos recabando testimonios, pero nos falta un testigo directo de sus prácticas, alguna prueba fehaciente. (*Pausa.*) Y pronto, tal vez esta misma noche, lo conseguiremos.

FRAY ÍÑIGO: (*Sorprendido.*) ¿Esta noche? ¿Cómo es ello?

FRAY LOPE: Puede que nos ayude involuntariamente su criado, que no tiene muchas luces. Es un digno aprendiz del Marqués de Villena, y sabe ya mucho de hechicerías. Él nos proporcionará las pruebas contra el Marqués y dará testimonio así de su magia diabólica.

FRAY ÍÑIGO: Dios lo quiera. Un proceso contra él serviría de escarmiento a toda esa ralea de judíos y falsos conversos. ¡Peste de marranos que se pasean por la ciudad exhibiendo sus riquezas y su poder! ¡Hasta se atreven a entrar aquí, en el convento, a encargar misas! ¡Ante la propia estatua de Santo Domingo se arrodillan a rezar, cuando en privado se ríen de nuestros santos!

FRAY LOPE: Serenidad y templanza, hijo. Si está de Dios que sea procesado, lo será. (*Con una sonrisa de satisfacción.*) La serpiente espera durante horas a que la presa se confíe, y sólo cuando esta se descuida salta sobre ella.

(Ambos vuelven sobre los libros. La música litúrgica sube lentamente. Oscuro.)

ESCENA II

Habitación de un caserón en el Madrid del siglo XV, en el Callejón del Perro. *Una gran mesa de madera recia en el centro, llena de todo tipo de frascos, alambiques, ollas, crisoles, frascos, redomas, morteros y filtros. Tras un aparador, una portezuela esconde una pequeña librería. A la izquierda, puerta que da a la calle. A la derecha, ventana practicable.*
PASCUALA, criada de ENRIQUE DE VILLENA, ordena y limpia los enseres de la mesa al tiempo que mira a la puerta con preocupación. Junto a ella, ÚRSULA, ama de llaves, que pasea nerviosa. Más tarde, COSME y JUAN FERNÁNDEZ DE VALERA, criado y amigo de ENRIQUE DE VILLENA, respectivamente.

PASCUALA: ¡Este chico! ¿Cuándo pensará venir? Las campanas del convento de Santo Domingo ya dieron las doce hace un buen rato.
ÚRSULA: *(Con enfado.)* Seguro que está en alguna taberna.
PASCUALA: No lo creo. No tan tarde.
ÚRSULA: Cuando bebe el tercer vaso de vino ya no sabe qué hora es. Diría que no sabe ni siquiera quién es.
PASCUALA: No es para tanto, Úrsula. Es un crío…
ÚRSULA: Mira, Pascuala, que no soporto ya a ese crío, como dices. En un par de meses que lleva en la casa lo ha revuelto todo. Es un

---

*El Callejón del Perro, que desapareció con la construcción de la Gran Vía, estaba situado entre las actuales calles de Libreros y Tudescos, y en él tenía el Marqués de Villena una vivienda custodiada por la imagen de un perro al que los vecinos, debido a la fama del Marqués, atribuían poderes demoníacos.

zascandil. La mayor parte de su trabajo lo sacas tú adelante. El Marqués no se entera de la mitad, metido como está siempre con sus libros y con estos mejunjes que... no me gustan un pelo.

PASCUALA: En todo Madrid se habla de sus hechicerías (*Se santigua*), Dios lo perdone. Pero el crío lo adora.

ÚRSULA: Yo preferiría que visitara más la iglesia, lo mismo que su amigo Juan, que se ha instalado en esta casa como invitado va ya para un año, y no da más que trabajo. No sé qué trajines se traen, pero no auguran nada bueno.

(Ruido en la ventana, que se abre lentamente. ÚRSULA y PASCUALA se asustan. Entra, por ella, COSME, con pasos quedos.)

PASCUALA: (*Susurrando.*) ¡Ay, Dios mío, que es el demonio, que viene a llevarnos por servir en esta casa! ¡Tenemos el alma emponzoñada!

ÚRSULA: (*Susurrando también, y escondiéndose con PASCUALA.*) ¡Calla, Pascuala, que será Cosme! Escóndete aquí, que veremos lo que trama.

(COSME entra en silencio, con la ropa mojada, una bolsa y muy enfadado.)

COSME: (*Hablando para sí.*) ¡Vaya porquería de ciudad! Toda agujereada. Metes el pie en un charco y no sabes si vas a hundirte hasta el Manzanares. Hasta las mulas están cojas en este maldito Madrid. Esta mañana vi un par de ellas con muletas. ¿Que no? ¡Por estas! (*Cruza los dedos y se los besa.*) ¡Y encima me han robado! Los diez maravedíes que había sisado de la compra más los tres reales que sobraban del encargo de don Juan se los ha llevado un embozado allí mismo, a la vuelta de la esquina... A ver qué le digo ahora a don Juan. ¡Esta ciudad no es segura! Donde esté Toledo... Está llena de hidalgos, todo es elegancia, hasta el río... que es un río como es debido, y no este lodazal. Allí pasean las damas y los caballeros hablando de sus amores… y siempre hay algún maravedí para un joven servicial y discreto (*Gesticula, vanidoso.*)

(*Salen de su escondite* ÚRSULA *y* PASCUALA, *y se plantan ante él, que pega un brinco.*)

ÚRSULA: ¡Golfo, monicaco, deslenguado! ¿Se puede saber por qué entras por la ventana? ¡Como un ladrón! ¿Qué haces a estas horas por la calle, gandul? ¿A quién has pedido permiso para trasnochar y emborracharte?

PASCUALA: Pero Cosme, ¿cómo se te ocurre?

COSME: (*Paralizado, incapaz de inventar una excusa.*) ¡Alto, alto! ¡Socorro! Sólo he salido a dar una vuelta. Hacía una noche tan buena…

ÚRSULA: ¿Y cómo es que entras por la ventana, como un bandido? ¿Es que querías robar en la casa de tu amo?

COSME: ¡Que no, mi señora ama! ¡Que es que me da miedo el perro!

ÚRSULA: ¿Qué perro ni qué ocho cuartos, si aquí no hay perro?

COSME: El perro que hay dibujado en el suelo de la puerta, que me da mucho miedo.

PASCUALA: El «cave canem», dice el chico. Es que el Marqués de Villena tiene unas ocurrencias... Todo Madrid se desvía por otra calle por no pasar por delante. A la calle ya la llaman el Callejón del Perro.

COSME: Eso es, mi señora. (*Haciendo una reverencia triunfal.*) Así que siempre entro y salgo por la ventana.

ÚRSULA: (*Se descalza una zapatilla y la emprende a golpes con* COSME.) ¡Patán, indecente, borracho!

PASCUALA: (*Trata de impedirle los golpes.*) El chico no ha bebido, ¿no lo ve? ¿A que no, Cosme?

COSME: (*Trata de parecer solemne.*) ¿Yo, beber? ¡Eso lo último!

ÚRSULA: (*Repara en la bolsa.*) ¿Y esa bolsa? ¡No habrás robado, sinvergüenza! Trae aquí ahora mismo.

COSME (*Alarmado, protegiendo la bolsa.*) ¡No! La bolsa es mía...

PASCUALA: Dame la bolsa, Cosme.

COSME: (*Alarmado.*) ¡Es mi cena!

ÚRSULA: ¿Tu cena? ¿A estas horas? ¿Y qué traes de cena?

COSME: (*Piensa.*) Pollo....

ÚRSULA: ¡A verlo!

COSME: (*Tras rebuscar en la bolsa, saca un murciélago.*) ¿No se lo cree? Aquí está el pollo.

PASCUALA: (*Asustada, se esconde detrás de* ÚRSULA.) ¿Qué bicho es ese?

COSME: Ya se lo he dicho, un pollo. Está algo chamuscado en la parrilla... y ha encogido un poco.

ÚRSULA: Un pollo, ¿eh? ¡Para qué traes tú un murciélago, a ver? (*Mira de nuevo la bolsa.*) ¿Y esa es toda tu cena? El golfillo va a pasar

hambre… por lo que veo. Yo creo que hay algo más en la bolsa…
y lo vamos a ver.

COSME: (*Vuelve a abrazar la bolsa.*) Ya se lo enseño yo… (*Se le ocurre una idea.*) ¡Aceitunas! Claro, también tengo aceitunas. (*Saca una bolsa con ojos de raposa.*)

PASCUALA: (*Cogiendo con aprensión la bolsa.*) ¿Qué porquería es esto? (Abriendo la bolsa, lanza un grito.) ¡Son ojos! ¡Santo Dios!

(*Ambas se santiguan.*)

ÚRSULA: (*Reponiéndose.*) ¡Vamos a ver, dame la bolsa ahora mismo! (*Se la arrebata y lo empuja hasta una silla, obligándolo a sentarse.*) ¡Ahí quieto! (*Sacando cosas de la bolsa según las menciona. PASCUALA lo mira todo parapetada tras ÚRSULA.*) ¡Arañas! ¡Culebras! ¡Huesos! (*Lo va colocando todo en la mesa.*) ¡Ah, y aquí está el vino, sanguijuela! (*Coloca una frasca junto a lo demás.*) Ya lo sabía yo. No hay más que verlo.

(*Entra, por la izquierda, JUAN FERNÁNDEZ DE VALERA, y se queda en la puerta, observando la escena sin intervenir ni ser visto por los demás.*)

PASCUALA: ¿Qué es lo que queda en la bolsa?

ÚRSULA: Un libro. Veamos… (*Intenta leer el título con dificultad.*) Li - bro - de - ra…

JUAN: (*Interrumpiendo y arrebatando el libro.*) «Rezos». «Libro de rezos». Es un libro del Marqués de Villena, que suele llevar a misa para rezar. (*Regañándolo.*) ¡Este sinvergüenza es capaz de venderlo! ¡Si se entera el Marqués, te corta las orejas! ¿Y qué es toda esa porquería que has traído? (*A ÚRSULA y PASCUALA.*) Ya me encargaré yo de tirarlo todo. Ahora retiraos a la cama, que voy a ajustar cuentas con este golfo.

(*Ambas, a regañadientes, hacen mutis.*)

ESCENA III

JUAN y COSME. *Más tarde*, MADRE *e* HIJA. *Por último*, VILLENA.

COSME: (*Al comprobar que han desaparecido.*) He traído todo, señor. Los ojos de raposa fue lo más difícil. En total me cobraron cinco reales... (*Recordando el robo de los tres reales.*) No... que fueron ocho, contando con todo lo demás.

JUAN: ¡Ocho reales! Pues sí que ha subido todo...

COSME: (*Compungido.*) Está la vida cada vez más difícil.

JUAN: (*Cerrando la ventana.*) ¡Baja la voz! En cualquier parte pueden escuchar los hermanos de la Inquisición. ¿Te ha seguido alguien?

COSME: (*De nuevo solemne.*) ¡No, señor! ¡Eso lo último!

JUAN: ¡En la taberna no creo que te cuidaras mucho de seguidores! (*Le propina un pescozón.*)

COSME: (*Protegiéndose.*) ¡Que no, señor, que no he pasado por la taberna! Bueno, sólo un poco...

JUAN: ¿Y la frasca de vino, embustero?

COSME: ¡Que no es vino, señor! ¡Que es el orín de basilisco! Era el último ingrediente de la pócima, como dice el libro.

JUAN: ¡El libro, el libro! ¿Por qué me fiaré de ti! ¡Has paseado el *Libro de Raziel* por Madrid! ¿Cómo se te ocurre? Los ingredientes ya te los dije yo.

COSME: Yo no tengo memoria para tantas cosas. Se lo enseñé al maestro judío y él me lo preparó todo.

JUAN: ¿Había alguien con él?

COSME: No... Es decir, había otro hombre mirando libros, que esperaba a ser atendido. No abrió el pico en todo el rato, tan sólo leía.

JUAN: Está bien, ya no tiene remedio. Todo sea por encontrar el remedio para esa mujer. Pero con la pócima del libro conseguiremos curarla, y el Marqués tendrá que aceptar de una vez por todas que el mal de ojo se cura con medios humanos, y que la curación se conoce desde los orígenes de la humanidad (*Señala el libro.*) Y entonces iremos a la cueva de Salamanca, a aprender de los mejores. (*Con entusiasmo.*) Así que, ¡manos a la obra! Coge el mortero y el almirez y sigamos los pasos que indica Raziel (*Busca en el libro y da instrucciones a* COSME, *que las sigue con gestos de repugnancia.*) «Ojos de raposa machacados». No dice cuántos.

COSME: (*Tapándose la nariz, y sin mirar.*) ¡Yo meto la cuchara y los que caigan!

JUAN: No seas bruto. Echa tres o cuatro. (COSME *lo hace.*) Y ahora los machacas (COSME *golpea tímidamente con el almirez.*) ¡Golpea, calamidad! Así no los vas a machacar en la vida. (*Golpea más fuerte.*) ¡Con energía!

COSME: ¡Me dan pena las raposas! Con lo que corretean ellas por el monte.

JUAN: ¡Tú sí que me das pena! Como no obedezcas de inmediato verás como corretas.

COSME: (*Al golpear más fuerte, uno de los ojos salta del mortero.*) ¡Que se escapa… al monte!

JUAN: (*Desesperado.*) ¡Señor, dame paciencia! (COSME *corre tras el ojo, que recupera del suelo. Sigue machacando.* JUAN *continúa leyendo.*) «Las patas de una araña machacadas».

COSME: (*Con gesto de repugnancia, coge una araña.*) No dice cuántas patas.

JUAN: ¡Pues ocho, como todas, a no ser que esté tullida!

COSME: (*Le arranca, con mucho asco, las patas, y golpea con el almirez.*) ¡No puedo mirar!

JUAN: ¡Qué exagerado! (*Lee.*) «Limadura de hueso de chivo.»

COSME: (*Coge el hueso y lo raspa con un cuchillo.*) ¡Cuánto mejor estaría en Toledo, cortando jamón!

JUAN: ¡Calla, deslenguado! A ver qué más necesitamos. (*Lee.*) «Polvo de culebra». ¡Venga, rápido! Estarán al llegar.

COSME: ¡Como que es fácil! (*Coge una culebra con aprensión, y la raspa con el cuchillo.*)

JUAN: Ya terminamos: «Ala de murciélago y orín de basilisco».

COSME: (*En medio de arcadas, arranca un ala al murciélago y lo arroja al mortero. A continuación, vierte un chorro de la frasca.*) A la doncella le va a entusiasmar el ungüento.

JUAN: Hemos terminado. (*Le entrega el* Libro de Raziel.) ¡Escóndelo ahora mismo en la trampilla, con los demás. Estos libros nunca deben estar a la vista, serían la ruina de la casa.

(COSME *retira un mueble y abre una portezuela disimulada en una pared. Llaman a la puerta con golpes leves.*)

JUAN: Ya están aquí. ¡Abre, antes de que despierten a todos! ¡Comprueba antes que sean ellas!

(COSME *cierra la portezuela, deja el libro en la mesa sin guardar y acude a la puerta. Aparecen una* MADRE *con su* HIJA. *La primera es una mujer bruta y pesimista. La* HIJA *está muy triste y cabizbaja.*)

COSME: (*Sin presentarlas.*) Aquí están.

JUAN: (*Malhumorado, reprendiendo sus modales.*) ¿Aquí están quiénes?

COSME: (*Cargado de razón.*) La madre y la hija.

JUAN: (*Desesperado.*) ¡Tendrán un nombre, alma de Dios! (COSME *se encoge de hombros.*) Está bien, déjalo. Sean bienvenidas las señoras... (*Invitándolas a presentarse.*)

MADRE: Prefiero ocultar nuestros nombres. Comprenda nuestra prudencia. Todo el mundo murmura sobre esta casa. Y no me extraña... lo primero que nos recibe es ese perro del suelo, el «canecane», que parece salido directamente del Infierno.

COSME: ¡Es verdad! Cada vez que paso me da un vuelco al corazón. Por eso entro por la ventana.

JUAN: (*A* COSME.) ¡Calla, bruto! (*A ellas.*) Es un mosaico como los de los romanos... En fin, nada que deba preocuparlas.

MADRE: ¡Deje, deje! A mí esas cosas me dan mucho miedo. Aquí le traigo a la niña (*Señalándola.*) Que está todo el día suspiro va, suspiro viene. No levanta cabeza.

JUAN: Ha venido al sitio indicado. Siéntate, guapa. (*La* HIJA *lo hace.*) Ahora te vamos a dar una bebida que, en poco tiempo, te va a curar. (*A* COSME.) Acércala.

COSME: (*A la* HIJA.) ¡Te va a encantar!

(*Se la acerca a los labios, pero enseguida la rechaza.*)

HIJA: ¡No puedo!

COSME: ¡Pero si está riquísima!

MADRE: Es muy melindrosa para la comida. ¡Es un dolor de niña! Desde muy pequeña la he tenido que alimentar con embudo.

COSME: ¡Es una idea! Por aquí tendremos... (*Busca un embudo.*)

JUAN: ¿Pero estás loco? ¡Quieto! (*A la* HIJA.) Verás qué bien. Vamos a ir poco a poco, con una cuchara. (*A* COSME.) ¡Trae una cuchara! (COSME *se la da.*)

HIJA: (*A la primera cucharada.*) ¡Ay, qué asco!

MADRE: Ya le digo. Ni con embudo... Tendrá pescado, ¿verdad? No lo puede ver.

COSME: Pues pescado... lo que se dice pescado... Más bien pajaritos y animalillos del bosque... (*Aparte, a* JUAN.) ¿Qué clase de bicho es un basilisco?

JUAN: (*No le hace caso. A la* HIJA.) ¡Anda, guapa, que así te vas a curar, ya verás! Tienes que hacer un esfuerzo. (*Le vuelve a acercar una cucharada.*)

HIJA: (*La rechaza.*) Lo mío no se cura con nada. Quiero irme a mi casa.

(*Asoma* ENRIQUE DE VILLENA, *y queda en el umbral de la puerta sin ser visto, escuchando la conversación.*)

JUAN: Enseguida te vas, sólo unas cucharadas de este caldito.

HIJA: ¡Quiero irme a casa!

MADRE: Lo que le digo. A la cama. Se pasa el día acostada. No hay quien la saque de allí. Ni bailes, ni paseos, ni nada. Lo único que quiere es estar sola.

JUAN: ¿Y qué haces sola en la habitación?

HIJA: (*Miente.*) Rezar...

MADRE: ¿Qué rezar? ¡Llorar! No sabe hacer otra cosa.

(*Entra* ENRIQUE DE VILLENA. JUAN *y* COSME *se sienten pillados en una falta.*)

VILLENA: Buenas noches a todos. Soy Enrique de Villena. Permítame, señora, examinar a su hija.

MADRE: Su Excelencia dirá. Yo creo que la niña no tiene solución.

JUAN: (*Acercándole la pócima.*) Precisamente estábamos dándole un remedio...

VILLENA: (*La rechaza con un gesto. A la* HIJA.) Dime, ¿qué piensas cuando estás sola en tu habitación?

MADRE: (*Interrumpiendo a la* HIJA, *que iba a hablar.*) ¡Qué va a pensar! Ella llora que te llora...

VILLENA: Señora, deje que ella se explique. (*A la* HIJA.) Dime, ¿qué pasa por tu cabeza?

HIJA: Que no tengo ganas de levantarme de la cama, que preferiría seguir allí el día entero sin hablar con nadie. Y enseguida me entran ganas de llorar, porque no quiero vivir.

COSME: (*Aparte, a* PASCUALA.) A mí me pasa lo mismo cuando me levantan a escobazos de la cama por la mañana.

MADRE: Y lo mismo duerme el día entero que se pasa la noche en vela. ¡No hay quien la entienda!

VILLENA: ¡Señora, que hable ella! (*A la* HIJA.) ¿Qué más?

HIJA: No tengo apetito ninguno.

MADRE: ¡Ya se lo decía yo! Antes no ha querido probar ni una cucharada de la sopa que le daban estos señores...

COSME: Con lo rica que estaba…

VILLENA: Señora, lo que tiene su hija es fascinación, o lo que común-
mente se denomina mal de ojo.

MADRE: (*Asustada.*) ¡Ay, Dios mío! ¿Y eso es grave? ¡Es algo del demonio, seguro! Iremos a la iglesia a pagar unas misas.

VILLENA: Pague las misas que quiera, pero el mal de ojo, como
cualquier enfermedad, no es un castigo divino ni infernal. Es
algo natural que acabaremos curando algún día con medios
humanos. Hágame caso: no tome pócimas ni atienda a los
curanderos. (*Mirando a* JUAN.) La cura es difícil, pero puede ayudarla consolándola mucho. Tenga presente que ella no
tiene la culpa de su enfermedad, que no es un capricho de su
hija. (*Levantando a la* HIJA *y acompañándola hasta la puerta.
La* MADRE *se levanta también.*) Puede lavarle la cara con agua,
sal y clavo, obligarla a caminar por el bosque, respirando aire
puro, y acompañarla y reconfortarla con su cariño. Eso es
todo.

MADRE: Gracias, Excelencia. (*A la* HIJA.) ¡Venga, corazón mío! ¡A ver si
te pones buena!

(*Salen cogidas del brazo.*)

ESCENA IV

Los mismos. Al rato, ÚRSULA, PASCUALA, FRAY LOPE , FRAY ÍÑI-
GO, CRISTIANO, CAPITÁN *y* SOLDADO.

VILLENA: (*A* JUAN.) ¿Puede saberse qué bazofia le habías preparado?

JUAN: (*Defendiéndose.*) Lo que Su Excelencia llama bazofia es el resul-
tado de una sabiduría ancestral de la que sólo conocemos una
pequeña parte, y que aprenderíamos si fuéramos, como siempre

digo, a la cueva de Salamanca, donde enseña el maestro Clemente Potosí…

VILLENA: ¿Otra vez con la cueva de Salamanca? ¿Para alimentar aún más las habladurías?

JUAN: La plebe nunca dejará de murmurar. Pero Su Excelencia no debería dar pábulo a esos chismes.

VILLENA: Apea el tratamiento, Juan, que hace ya mucho dejé de ser maestre.

JUAN: ¡Por la ceguera del Rey! Quién mejor que vos, el Marqués de Villena, para hacer de la Orden de Calatrava una organización de utilidad.

VILLENA: Soy solamente Enrique de Villena, ni marqués ni maestre, y con eso sobra. Puede que en mi juventud buscara los títulos y los honores. Ahora sólo persigo el conocimiento. (*Va a la portezuela donde esconde los libros y los extrae, comprobando antes por la ventana si hay alguien.*) Escribí un *Tratado de alquimia*, pero pronto comprobé que el conocimiento está en los griegos y latinos, por eso he traducido la *Eneida* (*Va depositando los libros en la mesa, ante la mirada de* JUAN *y* COSME, *que admiran los volúmenes*), he comentado *Los doce trabajos de Hércules*, he traducido la *Divina Comedia* de Dante, he estudiado el valor defensivo del fuego, en el *Libro de los fuegos inestinguibilis*…

JUAN: (*Admirado, e indignado.*) Es una indecencia lo que la Corona ha hecho con vos. Conceder el maestrazgo, a costa de renunciar a dos condados y un marquesado, ¡y hasta a vuestro matrimonio!, para dejar que os sea arrebatado. Y, finalmente, acabar casi en la ruina…

VILLENA: Juan, todas las glorias de este mundo no son sino vanidad. Sólo el saber me importa. Desentrañar el origen de la enfermedad, los secretos del cuerpo y del alma es lo único que ahora da sentido a mi vida. Sé que la existencia es demasiado corta para llevar a cabo todo lo que queda por hacer. Por esa razón es importante preservar este conocimiento mediante los libros para futuras generaciones que seguirán buscando respuestas.

JUAN: Por eso os digo que vayamos a Salamanca. En la cueva de Salamanca se aprenden los secretos más ocultos.

VILLENA: Te digo, Juan, que no quiero tener nada que ver con la nigromancia, a pesar de lo que se dice de mí.

JUAN: ¿Qué puede importar lo que digan de vos?

VILLENA: Las habladurías pueden costarme, y costarte, caros algún día. La Inquisición tiene informantes en todo Madrid, y los padres dominicos, que tenemos a dos calles de aquí, en el convento de Santo Domingo el Real, no descansan. (*Al ver que* COSME *lee el* Libro de Raziel, *alarmado.*)¿De dónde has sacado esto?

JUAN: Lo encontré entre vuestros libros.

VILLENA: Hoy en día es un libro muy peligroso. Y, sobre todo, es un libro inútil. Los remedios de Raziel representan el antiguo esfuerzo por controlar la naturaleza. Hoy sabemos algo más (*Extrae otro libro.*) Llevo años escribiendo este estudio: el *Tratado del aojamiento*, en el que expongo lo que se sabe sobre la enfermedad del mal de ojo, que es una enfermedad que afecta al alma, y del alma pasa al cuerpo. Hoy todavía es un misterio, pero el hombre acabará dominándola. Este libro será la base para nuevos estudios, cuando yo ya no esté. Es importante preservarlo y difundir mi trabajo. La copia manuscrita es lenta. ¡Si hubiera un sistema para copiar a más velocidad! También acabará creándose, porque la inventiva humana es inagotable. (*Queda un momento en suspenso.*) Nuestra vida es demasiado corta para verlo, por desgracia.

(Entran ÚRSULA *y* PASCUALA, *alarmadas.)*

ÚRSULA: Excelencia, unos frailes preguntan por vos...

PASCUALA: (*Se le saltan las lágrimas.*) ¡Vienen con soldados! Y un hombre...

VILLENA: ¡Espera, que no entren aún! (*La interrumpe. A* COSME.) ¡Guarda enseguida todos los libros! (COSME *y* JUAN *se apresuran a guardarlos.*)

PASCUALA: ¡No esperan, Excelencia! ¡Vienen para acá! ¡Úrsula los quiso entretener, pero no la escuchan!

(*No consiguen esconder todos. Quedan algunos sobre la mesa.*)

VILLENA: Está bien, déjalo. Al menos hemos escondido los principales. Tapa bien la alacena. (*Lo hacen.*)

(*Entran* FRAY LOPE , FRAY ÍÑIGO, *un* CAPITÁN, *un* SOLDADO *y un hombre.*)

CAPITÁN: ¿Quién de los presentes es Enrique de Villena?

VILLENA: Ese es mi nombre, capitán. ¿Qué se les ofrece?

CAPITÁN: Traigo orden de registrar la casa con ayuda de los frailes dominicos que me acompañan. Hay sospechas de prácticas de hechicería y tratos diabólicos.

(*Los presentes se apiñan, acobardados.*)

VILLENA: (*Digno.*) Estoy a su disposición, registren cuanto quieran.

CAPITÁN: (*Al* SOLDADO.) Registra las habitaciones (*Durante la escena, el* SOLDADO *buscará en la mesa y otros enseres, recogiendo objetos. A* FRAY LOPE.) Proceda, Fray Lope.

FRAY LOPE: (*Irónico, a* VILLENA.) Buenas noches nos dé Dios, Excelencia. No estoy acostumbrado a salir a estas horas del convento, y me cuesta andar por estas calles a oscuras.

VILLENA: (*Digno.*) Pero venís muy bien acompañado, no creo que debáis temer.

FRAY LOPE: Hay fuerzas de las que ni el ejército del Rey puede defendernos. El diablo anda por todos lados. Sin ir más lejos, la entrada de esta casa no está protegida, como la de los demás cristianos, por un crucifijo, sino por un perro demoníaco. Se ve que encontráis más seguridad en él que en Jesucristo, Nuestro Señor.

VILLENA: Debéis saber, Fray Lope, que el perro es el distintivo del mundo romano en las puertas. Lo mandé confeccionar como tributo a la Antigüedad...

FRAY LOPE: (*Interrumpiendo.*) La Antigüedad pagana, queréis decir.

VILLENA: (*Orgulloso.*) La Antigüedad clásica, un tesoro de cultura, sí.

FRAY LOPE: (*Sibilino.*) ¡Claro, claro! Os gusta el mundo clásico, lo sé. (*Se acerca a la mesa y ve los libros, que seguirá hojeando durante el resto de la conversación.*) Por eso habéis traducido algunos, me han dicho: aquí veo a Cicerón, a Tito Livio... ¡Vaya, también veo un *Tratado de alquimia*! La alquimia representa la soberbia humana de pretender dominar las fuerzas de la naturaleza pasando por encima de la voluntad divina... (*Antes de que* JUAN *intervenga, interrumpe.*) Sin embargo, no veo ningún evangelio, ni libro de rezos, ni sermones... (JUAN *y* VILLENA *enmudecen.*)

FRAY ÍÑIGO: (*Acusador.*) ¡El diablo en la entrada, y dentro ni siquiera un crucifijo!

SOLDADO: (*Enseñándole la pócima.*) Mire, padre.

FRAY LOPE: Pero, ¿qué es esta pócima que veo en el mortero? Seguro que nos lo cuenta este criado.

COSME: (*Amedrentado.*) ¿Yo? Su Señoría... Ahí hay unas hierbas del bosque...

FRAY ÍÑIGO: ¿Hierbas, verdad? Pues no es lo que nos ha dicho este buen cristiano que te vio en la tienda del judío.

COSME: ¿Yo en una tienda?

CRISTIANO: (*Señalándolo.*) Él era. En la tienda del judío.

COSME: ¿Judío? ¿Qué judío?

FRAY ÍÑIGO: (*Al* CRISTIANO.) ¡Habla!

CRISTIANO: La tienda de Mosén de Girona.

COSME: (*Aparte, a* JUAN.) ¡Ese era el hombre que estaba en la tienda hojeando libros mientras compraba! (JUAN *se remueve inquieto.*)

FRAY ÍÑIGO: ¿Y qué hacía el criado en la tienda?

CRISTIANO: Compraba ingredientes para un hechizo.

FRAY LOPE: (*Disfrutando de su triunfo.*) ¿Un hechizo? ¿Quién te mandó comprar esos ingredientes, criatura?

COSME: Eh...

JUAN: (*Interrumpe.*) No había ningún hechizo. Compraba hierbas para infusiones.

COSME: ¡Eso es! Aquí andamos todos mal del estómago.

CRISTIANO: El hechizo venía escrito en un libro.

FRAY LOPE: (*Triunfal, mostrando el* Libro de Raziel.) ¿Tal vez en este?

CRISTIANO: ¡Ese era, sí! ¡Ese dibujo le enseñó!

FRAY LOPE: (*Acusador, encarándose con* VILLENA.) ¡El *Libro de Raziel*! ¡El libro de la nigromancia, de las artes diabólicas, en casa de Su Excelencia! ¿Qué decís ahora?

FRAY ÍÑIGO: ¡Libros judíos de un amigo de los falsos conversos!

FRAY LOPE: Me temo que tendré que llevaros ante el tribunal del Santo Oficio, para que valoren todo esto. (*Burlón, con falsa modestia.*) Yo, con mis pobres fuerzas, no sé interpretar estos libros de tanta sabiduría... (*Irónico.*) Fray Íñigo, ¿los invitamos a acompañarnos?

FRAY ÍÑIGO: Sí, les vendrá bien un paseo, la noche está templada.

FRAY LOPE: Estos soldados se ocuparán de vos, Marqués.

VILLENA: (*Adelantándose, retador.*) No soy marqués. Sólo soy Enrique de Villena, pero mi nombre no importa, y mucho menos mis títulos, porque todo será borrado por el tiempo. También vuestro nombre. Sin embargo, habrá algo que no morirá, y es el fruto del esfuerzo por desentrañar los misterios de la naturaleza.

FRAY LOPE: (*Burlándose, señalando los objetos de la mesa.*) ¿Dónde quedará ese fruto? ¿En este mortero, o en estos cachivaches?

VILLENA: No. Los instrumentos de la investigación son perecederos. El fruto quedará en la palabra, que resiste el poder destructor del tiempo. Y la palabra será preservada en el papel. ¡En los libros!

FRAY LOPE: (*Burlón.*) ¡Ah, claro, el papel! Pero os olvidáis de algo. El Santo Oficio tiene por costumbre examinar los libros sospechosos, y quemarlos. Y los vuestros me parecen bastante sospechosos... Claro que yo, como os digo, no sé interpretar tan alta ciencia. (*A* FRAY ÍÑIGO.) Fray Íñigo, creo que ha llegado el momento de emprender la marcha.

FRAY ÍÑIGO: (*Al* CAPITÁN.) ¡Prendedlos! Tendrán que dar muchas explicaciones.

CAPITÁN: ¡Vamos, caminad!

(*El* CAPITÁN *empuja a la puerta a* ÚRSULA, PASCUALA *y* COSME, *que caminan asustados.*)

COSME: ¿Puedo salir por la ventana? Es que me da miedo ese perro...

SOLDADO: ¡Andando! ¡Todavía no sabes lo que es el miedo, ya verás!

(*Salen. Después empuja a* JUAN *y a* VILLENA.)

FRAY LOPE: (*Al* SOLDADO.) Y llevaos también esos libros. (*Este recoge los libros que habían quedado sobre la mesa. Mira bien por todos lados pero no encuentra ninguno más.*)

JUAN: ¡No, los libros no! ¡El fruto de toda su vida!

VILLENA: (*Sereno.*) No te lamentes, Juan. Todo el fanatismo será incapaz de frenar el poder del conocimiento. Siempre habrá un libro (*Mirando a la portezuela, y después a* JUAN) en alguna parte que ilumine a las nuevas generaciones el camino de la razón. Recuerda, amigo: «*verba volant, scripta manent*».

FRAY LOPE: (*Riendo.*) ¡Claro, claro! Los clásicos... Pero esta vez no acudirán en vuestra ayuda, me temo.

CAPITÁN: ¡Menos charla y caminad!

(Salen el CAPITÁN *y el* SOLDADO, *seguidos por* FRAY ÍÑIGO, FRAY LOPE *y el* CRISTIANO, *quien, antes de atravesar la puerta, repara en la frasca y, tras mirar a ambos lados y comprobar que está solo, da un trago, que escupe enseguida con asco. Sube la música. Oscuro.)*

VARIACIONES SOBRE EL TEMA DEL LIBRO GUERRILLAS DE PAPEL

ESCENA I

Finales de los años sesenta. Casa de Campo, en Madrid, al caer la tarde. Árboles y arbustos, cerca de un arroyo. Al fondo, restos de un búnker de la Guerra Civil.

ALBERTO, de unos 15 años, busca a MARIO, que se ha escondido. Llevan sendas mochilas y bolsas de yute, todas vacías.

ALBERTO: ¡Mario, ¿dónde te has metido? ¡Vale ya, sal! (*Busca tras los árboles.*) ¡Será capullo! Me estás cabreando, ya no tiene gracia...

(Sale, de entre unos arbustos, MARIO, dando un buen susto a ALBERTO.)

MARIO: ¡Si llegas a ser el enemigo, eras hombre muerto!
ALBERTO: Como que los soldados van a pelear en la Casa de Campo...
MARIO: Pues justo aquí es donde pelearon, animal.
ALBERTO: ¡Anda ya!
MARIO: ¡Que sí, tío, que te digo que aquí hubo combates en la Guerra! ¡Que me lo ha dicho mi padre, que él combatió!
ALBERTO: ¿Con los republicanos o con los nacionales?
MARIO: ¡Y yo qué se! Con los republicanos, me parece.
ALBERTO: Pues esos perdieron.

Mario: Bueno, ¿y qué? Yo lo que te digo es que es un sitio de película este. ¿O no? Los soldados metidos en el agua, detrás de los arbustos...

Alberto: Pero los nacionales tenían más armas, y más tropas...

Mario: ¡Y dale con los nacionales! ¿Qué más dan las armas? Lo que te estoy diciendo es que es un lugar genial para hacer una emboscada, porque te puedes camuflar entre los arbustos, en el río...

Alberto: Vale, te camuflas, pero al primer movimiento te pegan un zambombazo con el fusil y te dejan seco. ¿Te crees que son tontos?

Mario: ¡Chaval, mira que eres cabezón! En la guerra, la sorpresa lo es todo. ¿No has oído hablar de la guerra de guerrillas? Pueblos que han ganado a ejércitos sólo porque conocían mejor el terreno... Sin armas, sólo con piedras y palos.

Alberto: (*Ríe*.) ¡Anda ya! Tú tírale una piedra a un marine, y verás. (*Transición*.) Oye, ¿dónde te han dicho que están esos libros?

Mario: En un búnker, dicen.

Alberto: ¿Pero por qué los esconden? No entiendo nada.

Mario: Porque están prohibidos, tío, que no te enteras.

Alberto: ¿Prohibidos, como las películas de sexo y eso?

Mario: ¡Eso es!

Alberto: Un tío mío ha ido a Francia y ha visto una película de esas. *El último tango en París.* Pero no me la quiere contar.

Mario: Ya podían echarlas aquí. Dicen que cuando muera Franco se podrá ver de todo. Y leer. Mientras tanto, la gente compra los libros a escondidas.

Alberto: A buenas horas me arriesgaba yo por leer un libro.

Mario: Porque tú eres un zoquete, tío. (*Le da una colleja y corre.* Alberto *corre tras él. Llegan al búnker.*) Mira, es aquí. La última vez me costó encontrarlos. Los esconden mucho. Si los ve la policía se les cae el pelo. Mi padre me ha contado que al terminar la Guerra hicieron una hoguera con un montón de libros que había en una biblioteca. Dice que les costó mucho quemarlos, porque los libros arden mal.

ALBERTO: ¡Anda que no inventa tu padre! ¿Cómo van a arder mal, si son de papel?

MARIO: ¡Que sí, capullo! Dice que arden hacia dentro, y que al enroscarse las hojas se veían palabras que ardían; que él intentaba leerlas antes de que se hiciesen humo.

ALBERTO: ¡Chaval, cómo inventa!

MARIO: Te voy a… (*Le da otra colleja.* ALBERTO *se la devuelve.*)

ALBERTO: ¡Mira, son estos! ¿No? (*Saca un saco lleno de libros.*)

MARIO: (*Extrae algunos del saco, y lee los títulos.*) Sí, aquí están. Mira: *La guerra civil española, El Capital, La revolución….* ¡Pues vaya tostón!

ALBERTO: ¿Y para esto tanto misterio?

MARIO: ¡Que te digo que están prohibidos! Si ahora mismo pasa por aquí la Guardia Civil nos lleva al cuartelillo. Por eso me manda a mí. Dice que a los chavales no nos vigilan.

ALBERTO: Venga, vamos a meterlos en la mochila y nos largamos.

MARIO: ¡Espera! Mira, estos son de poesía. (*Va sacando libros del saco.*) Alberti, León Felipe, Miguel Hernández, Antonio Machado, García…

ALBERTO: ¡García Lorca! A este le pegaron un tiro, ¿no?

MARIO: Sí, eso dicen. Dame. (*Coge el libro y lee.*)

> La ciudad, libre de miedo,
> multiplicaba sus puertas.
> Cuarenta guardias civiles
> entran a saco por ellas.
> Los relojes se pararon,
> y el coñac de las botellas
> se disfrazó de noviembre
> para no infundir sospechas.
> […]
> Tercos fusiles agudos
> por toda la noche suenan.

La Virgen cura a los niños
con salivilla de estrella.
Pero la Guardia civil
avanza sembrando hogueras,
donde joven y desnuda
la imaginación se quema.

ALBERTO: ¡Dale con las hogueras! Sí que le gusta quemar cosas a la Guardia Civil, ¿no?

MARIO: Pues dice mi padre también que los libros quemados huelen a carne humana.

ALBERTO: ¡Chaval, tu padre es un poeta! ¡Pero si están hechos de papel! (*Ríe.*) ¡Será porque se queman los personajes!

MARIO: Sí, dice cosas muy raras. Pero es verdad que las tapas son de cuero, y el cuero es piel. (*Saca otro libro.*) Pablo Neruda. *Veinte poemas de amor y una canción desesperada.*

ALBERTO: Lee algo.

MARIO: Dice:

Puedo escribir los versos más tristes esta noche.
Escribir, por ejemplo: «La noche esta estrellada,
y tiritan, azules, los astros, a lo lejos».
El viento de la noche gira en el cielo y canta.
Puedo escribir los versos más tristes esta noche.
Yo la quise, y a veces ella también me quiso.
En las noches como esta la tuve entre mis brazos.
La besé tantas veces bajo el cielo infinito.
Ella me quiso, a veces yo también la quería.
Cómo no haber amado sus grandes ojos fijos.
Puedo escribir los versos más tristes esta noche.
Pensar que no la tengo. Sentir que la he perdido.
Oír la noche inmensa, más inmensa sin ella.
Y el verso cae al alma como al pasto el rocío.

ALBERTO: ¡Chaval! Me ha dado un escalofrío. ¿Me lo puedo quedar?

MARIO: (*Se lo quita de las manos.*) ¡Mi padre me mata! Venga, vámonos ya. (*Van metiendo libros en las mochilas y en las bolsas. Se oye el zumbido de varias avispas que se les acercan.*)

ALBERTO: ¡Oye, oye, que nos atacan! (*Manotea tratando de espantarlas.*) ¡Es un enjambre enorme!

MARIO: (*Ríe.*) Tranquilo. Se trata de no moverse. Esto sí que es un arma de guerra. A ver cómo te defiendes. ¡Pégales un zambombazo con el fusil! ¿Ves? Esto es guerra de guerrillas. (ALBERTO *se aleja manoteando.*)

ALBERTO: ¡Dales con algo, tío, yo qué sé! ¡Que nos acribillan!

MARIO: ¡Espera, ahora verás! (*Abre el saco y atrapa varias.*) ¡Que piquen ahora!

(*Ríen ambos. Terminan de meter los libros en las mochilas y se las cuelgan a la espalda.*)

ALBERTO: ¡Corre! Ya está. Vamos, no vengan más avispas ¿Dónde hemos dejado las bicicletas?

MARIO: Allí, cerca del puente. (*Señala a la derecha. Anuda el saco con las avispas y corren. Señalando el saco.*) ¡Tenemos rehenes!

(Salen riendo por la derecha. Oscuro.)

ESCENA II

Interior de la librería Fuentetaja*. La escena se divide en dos.
A la izquierda, mostrador y estanterías con libros. Dos clientes, un
HOMBRE *y una* MUJER *hojean libros. Tras el mostrador, el librero,* JE-
SÚS AYUSO, *examina papeles. A la derecha, trastienda de la librería.*
Una mesa, sillas, y cajas con libros diseminadas por el suelo. Alrededor
de la mesa, examinando libros, la LIBRERA 1 *y la* LIBRERA 2.
JESÚS AYUSO *descuelga el teléfono y marca.*

JESÚS: (*Al teléfono.*) Juan, no me has mandado las revistas. (*Pausa.*) Sí,
Revista de Occidente. Te pedí diez. (*Pausa.*) Te digo que no, sólo ha
venido *Índice,* pero no *Revista de Occidente.* (*Pausa.*) Vale, esta tarde
entonces. Espero el reparto. De acuerdo. Hasta luego. (*Cuelga.*)

(La MUJER *se acerca al mostrador.)*

MUJER: Buenas tardes. ¿Tienen el último álbum de Astérix?
JESÚS: Sí, señora. *El combate de los jefes.*
MUJER: ¿Cuánto cuesta?
JESÚS: Cien pesetas.
MUJER: Me lo llevo. ¿Me lo puede envolver para regalo? (*Saca el mo-
nedero del bolso y busca un billete.*) Es para mi sobrina, que no se
pierde uno.

---

*La librería Fuentetaja fue fundada a principios de los años sesenta por Jesús Ayuso.
Era, en aquellos años del franquismo, de las pocas librerías en las que se podían encontrar libros prohibidos. Su propietario los traía desde Francia y los escondía en colmenas
hasta poder llevarlos a la librería.

JESÚS: (*Envolviendo.*) Mi hijo es igual. Claro, que yo también me los leo todos. Y aún más los de Tintín.

MUJER: ¡Los tengo todos! Acabo de leer el último, el de *Vuelo 714 para Sidney.*

JESÚS: ¡Es magnífico! (*Le entrega el libro envuelto y coge el billete.*) Aquí tiene. Que le guste a su sobrina.

MUJER: (*Saliendo.*) Gracias. Hasta otro día.

HOMBRE: (*Cerciorándose de que están solos, se acerca con cautela.*) Quería un libro pero no sé si…

JESÚS: Usted dirá.

HOMBRE: Es que no creo que…

JESÚS: Si no me dice qué libro es no puedo ayudarle.

HOMBRE: (*Bajando la voz.*) La casa de Bernarda Alba.

JESÚS: (*Fingiendo indignación.*) ¡Aquí no tenemos nada de García Lorca! ¡Está prohibido venderlo! Ese tipo de libros no entra en España, y si entrara, nosotros no lo venderíamos.

HOMBRE: (*Asustado, se dirige a la puerta.*) ¡Usted perdone! Me he equivocado, me habían dicho que aquí a lo mejor lo tenían. Me habré enterado mal. No me haga caso.

(*Tropieza con un mueble, se le caen el periódico y otros papeles que llevaba en la mano. Compone una estampa patética que conmueve a JESÚS.*)

JESÚS: Tranquilo, no se asuste. (*Le ayuda a recoger.*)

HOMBRE: Gracias. Ya me voy.

JESÚS: Espere. Tal vez en un rato venga ese libro.

HOMBRE: (*Se le ilumina la cara.*) ¿Usted cree? Entonces no me habían engañado.

JESÚS: Debemos tener mucho cuidado. Hay policía secreta infiltrada por todas partes. Usted no parece uno de ellos.

HOMBRE: ¿Yo? Le aseguro que no.

(*Se abre la puerta. El HOMBRE se asusta. Entran MARIO y ALBERTO. Llevan las mochilas, bolsas y el saco con las avispas.*)

JESÚS: No se preocupe. Es mi hijo con un amigo. (*A* MARIO.) Hola, chicos. ¿Traéis todo?

MARIO: Hola, papá. Sí, aquí está.

JESÚS: Pasadlo a la trastienda.

(*Abren la puerta y entran a la trastienda, a la derecha. En la tienda,* JESÚS *y el* HOMBRE *siguen hablando.*)

LIBRERA 1: (*A los chicos.*) ¡Hola, sinvergüenzas! ¿Cómo es que habéis tardado tanto? Traed aquí esas bolsas (*Las coge.*)

LIBRERA 2: ¿Habéis merendado?

MARIO: No.

LIBRERA 2: Pues eso es lo primero. Venid aquí. (*Les prepara unos bocadillos.*) Hay chorizo o salchichón.

ALBERTO: (*Que ve una tableta de chocolate.*) ¿Y ese chocolate?

LIBRERA 1: ¡Eso no es para merendar!

LIBRERA 2: ¡Déjale al chico si quiere! (*A* ALBERTO.) Para ti, bocadillo de chocolate.

MARIO: ¡Para mí también!

LIBRERA 1: ¡Qué par de sinvergüenzas! (*Abriendo las bolsas de los libros.*) Habéis traído un buen material. (*Comienza a esconderlos en un hueco de la pared.*) Hay que esconderlos bien. Por estos libros podríamos ir a la cárcel. Vosotros no, porque sois menores, pero todos nosotros tendríamos muchos problemas.

ALBERTO: (*Comiendo el bocadillo que le ha dado la* LIBRERA 2.) ¡Por unos cuantos papeles!

LIBRERA 2: Unos papeles muy valiosos.

MARIO: (*Comiendo su bocadillo. A* ALBERTO.) ¡Pues tú bien que quieres algunos de esos papeles! (*Burlándose, coge el libro de Neruda.*) «Puedo escribir los versos más tristes esta noche...»

(ALBERTO *le da una colleja a* MARIO, *que se protege, riendo, y le quita el libro.*)

LIBRERA 1: ¡Chicos, seriedad en la librería! ¡Deja el libro aquí!

(ALBERTO *deja el libro encima de la mesa. Siguen hablando. En la tienda entran dos hombres. Visten gabardina y gafas de sol. Llevan maletín. Por su aspecto se ve que son policías de paisano. El* HOMBRE *disimula hojeando libros, sin atreverse a marcharse.* JESÚS *se pone a la defensiva enseguida.)*

JESÚS: ¿Puedo ayudarles en algo?

POLICÍA 1: (*Disimulando.*) Buscábamos un libro.

JESÚS: Usted dirá. Aquí hay muchos.

POLICÍA 2: (*Aparte.*) ¡Este va de listo! ¡Ataca ya!

POLICÍA 1: (*Aparte.*) Déjame a mí. (*A* JESÚS.) Muchos, sí, ya veo... Pero yo busco algo especial. No creo que lo tengan aquí. Deben de tenerlo en el almacén. Porque usted tiene un almacén, ¿a que sí?

JESÚS: (*Nervioso.*) Sí, claro.

POLICÍA 2: (*Aparte, con admiración.*) ¡Olé! ¡Cómo lo toreas!

POLICÍA 1: (*Aparte, orgulloso.*) Experiencia que tiene uno. (*A* JESÚS.): Vamos a tener que verlo.

JESÚS: Pero...

POLICÍA 1: (*Con gesto de película, saca una placa.*) Policía. Venimos a inspeccionar. (*Pausa. Miran a derecha e izquierda.*) ¿Están al día en el pago de impuestos?

JESÚS: Lo pagué la semana pasada. ¿Quiere ver el recibo?

POLICÍA 2: (*Imitando malamente a su compañero.*) Sí, enséñenos la documentación.

(*Nervioso,* JESÚS *busca los papeles en el cajón del mostrador. Finalmente, los encuentra y se los entrega.)*

JESÚS: Aquí los tiene. Todo está en regla.

POLICÍA 1: (*Los hojea sin interés.*) ¿Dónde está ese almacén?

JESÚS: (*Muy nervioso.*) Ahí dentro. Es esa puerta (*Señalando a la derecha.*) Están mis ayudantes y mis hijos. Merendando. (*Habla descontroladamente.*) Vienen del colegio, y siempre traen mucha hambre.

POLICÍA 2: (*Sospechando alguna irregularidad.*) Lo noto muy nervioso. ¿Es que esconde algo?

POLICÍA 1: (*Disfrutando de la situación.*) No sería la primera vez que encuentran algo en esta librería, según he oído.

JESÚS: No, aquello fue una equivocación, ya lo expliqué. Aquellos libros no eran para mí. Los trajeron por error.

(*Según avanzan los policías,* JESÚS *se pone ante la puerta instintivamente, tratando de cortarles el paso.*)

POLICÍA 2: (*Empujándolo.*) ¡Aparte de la puerta!

(JESÚS *deja paso a los policías, que irrumpen en la trastienda. Él los sigue, mientras que el* HOMBRE *avanza tímidamente, observando la situación desde lejos. Las libreras retroceden con temor. Tratan inútilmente de ocultar los libros que acaban de traer los chicos. Estos se quedan paralizados con los bocadillos en la mano, sin atreverse a seguir comiendo. Los policías ojean la trastienda en medio del silencio general. El* POLICÍA 1 *se acerca a la mesa, donde se encuentran los libros recién traídos, pero el* POLICÍA 2 *lo detiene.*)

POLICÍA 1: (*Suspicaz, al* POLICÍA 2): ¡Quieto, Mariano! ¿Te crees que van a tener los libros prohibidos encima de la mesa? Los tendrán escondidos, ¿verdad que sí? (*A las libreras.*) Estos intelectuales se creen que los policías somos unos estúpidos. (*Mira al suelo y ve las bolsas. Mira a las libreras y a los chicos y nota cómo se alteran.*) ¿Qué te juegas a que los tienen aquí?

POLICÍA 2: (*Riendo.*) Conque escondidos, ¿eh? Para ser intelectuales no parecen muy espabilados. ¡Vamos a ver esta bolsa!

POICÍA 1: (*Al ver que va a abrir un saco grande.*) ¡No, el grande no! Empieza por esa bolsa pequeña, que parece vacía. Seguro que ahí han escondido lo más jugoso.

POLICÍA 2: ¡Qué listo eres, Vicente! Con razón te van a hacer cabo. ¡Sargento tenían que hacerte, campeón!

POLICÍA 1: (*Vanidoso.*) No es por presumir, pero fui el primero de mi promoción. En algo tiene que notarse. ¡Vamos, abre!

(*El* POLICÍA 2 *abre la bolsa con cuidado. Como no ve nada, mete la cabeza. En ese momento salen las avispas, zumbando cada vez con más intensidad. Las libreras y los chicos se protegen tras la mesa. Los policías se levantan muy asustados. No encuentran dónde esconderse, por lo que abren la puerta y salen.*)

POLICÍA 2: ¡Sal, Mariano, que nos acribillan!

POLICÍA 1: (*Tratando de mantener la dignidad, disimulando el miedo.*) ¡Vicente, repórtate! Nos vamos. No vaya a ser que nos transmitan alguna enfermedad (*Desde la puerta.*) Y peguemos algo a los compañeros. (*Sale.*)

POLICÍA 2: (*Corriendo.*) Sí, eso, las enfermedades... ¡Corre!

(*Las libreras abren las ventanas.* MARIO *y* ALBERTO *sacan la cabeza tras la mesa. El zumbido sigue, pero va disminuyendo hasta el final de la escena.*)

ALBERTO: (*A* MARIO.) ¡Cómo corrían!

MARIO: (*A* ALBERTO.) ¿Lo ves? Vencidos sin armas. Eso es la guerra de guerrillas.

ALBERTO: (*Cogiendo de la mesa el libro de Neruda.*) ¿Como recompensa me puedo quedar este libro?

LIBRERA 1: Supongo que no le importará al jefe.

(Abre el libro y lee en silencio. Mario *come su bocadillo. Los demás recogen. El zumbido casi ha desaparecido. Se oye de fondo el poema de Neruda mientras se va haciendo el Oscuro.)*

Voz de fondo:

> Qué importa que mi amor no pudiera guardarla.
> La noche está estrellada y ella no está conmigo.
> Eso es todo. A lo lejos alguien canta. A lo lejos.
> Mi alma no se contenta con haberla perdido.
> Como para acercarla mi mirada la busca.
> Mi corazón la busca, y ella no está conmigo.
> La misma noche que hace blanquear los mismos árboles.
> Nosotros, los de entonces, ya no somos los mismos.
> Ya no la quiero, es cierto, pero cuánto la quise.
> Mi voz buscaba el viento para tocar su oído.
> De otro. Será de otro. Como antes de mis besos.
> Su voz, su cuerpo claro. Sus ojos infinitos.
> Ya no la quiero, es cierto, pero tal vez la quiero.
> Es tan corto el amor, y es tan largo el olvido.
> Porque en noches como está la tuve entre mis brazos,
> mi alma no se contenta con haberla perdido.
> Aunque este sea el último dolor que ella me causa,
> y estos sean los últimos versos que yo le escribo.

POLLO EN SALSA

En un parque. Llega GUILLERMINA, *mujer de mediana edad. Sentada en un banco,* ALMUDENA. *Ambas con ganas de conversación.*

GUILLERMINA: Hola, Almudena. ¿Ya has hecho la compra?
ALMUDENA: ¡Qué va!. ¡Estoy que no vivo! En casa he tenido que echar insecticida por todas las habitaciones, porque ayer me salieron dos cucarachas. ¡Me dio un vuelco el corazón!

GUILLERMINA: (*Conmocionada.*) Me salen a mí y me caigo redonda. ¿Ya te había pasado?

ALMUDENA: Hace mucho que no. Es que ahora, desde que hay pisos turísticos en mi portal, todo es un descontrol. Cada día veo gente distinta, y algunos tienen unas pintas...

GUILLERMINA: ¿Tenéis pisos turísticos?

ALMUDENA: ¡Anda, y tú también!

GUILLERMINA: ¿Yo?

ALMUDENA: ¿Pero Guillermina, hija, no has visto esos candados que han colocado en tu portal?

GUILLERMINA: Eso es de los enamorados, como en los puentes...

ALMUDENA: ¿Qué enamorados ni qué...? Son cajas con contraseña para coger las llaves.

GUILLERMINA: ¿Qué me dices?

ALMUDENA: Lo que oyes. Y prepárate, porque los del portal de enfrente me han dicho que han visto ratas. Yo, por si acaso, ya he comprado raticida (*Se lo enseña.*)

GUILLERMINA: Almudena, me estás asustando.

(*Llega un matrimonio. Él, PACO, está muy alterado. Se sientan en un banco cercano. Ella, ALICIA, cohibida, no se atreve a reaccionar. PACO trastea su móvil, sin hacer caso de su mujer.*)

GUILLERMINA: ¿Y cómo se usa el raticida ese?

ALMUDENA: Tienes que ponerlo en los cebos, la rata se lo come y al cabo de varios días se muere.

GUILLERMINA: ¡Qué asco, hija mía!

ALMUDENA: ¿Y qué le vas a hacer? Peor es tenerlas campando por la casa.

(PACO *se vuelve súbitamente hacia su mujer.*)

PACO: (*Imperativo.*) Dame tu móvil.

(Se hace el silencio. Tras una primera resistencia, sumisa, ALICIA *se lo entrega.)*

PACO: ¿Cuál es la contraseña? (ALICIA *no contesta. Insiste.*) He dicho que cuál es la contraseña.

ALICIA: (*Con voz casi imperceptible.*) 5442.

PACO: (*Eleva la voz.*) Más alto.

ALICIA: (*Con un sollozo.*) 5442.

PACO (*Marca, lo manipula y lee.*) Aquí está. Tu amiguita Mónica. Dice que ha hablado con Pablo. ¿Quién es Pablo?

ALICIA: Su cuñado.

PACO: ¿Te crees que soy imbécil? (*Eleva el tono.*) ¡Llámalo! ¡Llámalo te digo! (*Levanta la mano como para golpearla, pero se percata de las miradas a su alrededor y la baja.*)

(Ella solloza de nuevo. Él baja un poco el tono.)

PACO: (*Inquieto por no poder actuar libremente.*) ¡Te vas a enterar tú de quién soy yo! Me voy al bar. Cuando llegue te quiero en casa. (*Va a marcharse.*)

ALICIA: (*Avergonzada.*) ¿Qué quieres que compre?

PACO: (*Con desprecio.*) Compra lo que te dé la gana. Lo mismo da. Ni cocinar sabes. Como no estés en casa cuando vuelva te quemo a tu gato de mierda. Y después hablaremos de ese Pablo. ¡Venga, ligera!

(Se levanta y se marcha. ALICIA *solloza. Al rato,* GUILLERMINA *se decide a intervenir.)*

GUILLERMINA: Mira, lo mejor es que compres una coliflor pequeña, que se cuece rápido.

ALMUDENA: (*Interrumpe, decidida.*) Y de segundo te voy a decir lo que vas a hacer. Compras un filete de pollo y haces una salsita con laurel, zanahoria, cebolla y vino blanco.

GUILLERMINA: (*A* ALMUDENA.) Tendrá que echar también harina, si no no se espesa.

ALMUDENA: No hace falta. La harina se la doy yo (*Saca el raticida y lo mete disimuladamente en la bolsa de* ALICIA.) Le echas dos cucharadas bien colmadas, y ya verás lo bien que espesa.

GUILLERMINA: Y de primero, para la coliflor, unas zanahorias, cebollas y patatas. Y unas hojitas de laurel. Con eso tú tienes bastante... ¡Porque tú no te comas el pollo, corazón!

(ALICIA *las mira atónita. Oscuro.*)

LA CARA DEL QUE SABE

Interior de un autobús. MARCOS *mira el móvil. Llega* DAVID *y se sienta.*

DAVID: (*Con ironía.*) ¿Interrumpo?

MARCOS: (*Taciturno.*) Hola, Marcos.

DAVID: (*Perdonavidas.*) ¿Qué tal, colega? ¿Cómo te trata la vida?

MARCOS: Mal. Tengo que llevar el coche al taller.

DAVID: ¿Qué le pasa?

MARCOS: Nada. El mantenimiento. Pero es una pasta.

DAVID: Eso del mantenimiento es un engaño. Yo no lo llevo más que cuando me da algún fallo. Es que os dejáis engañar. ¿No ves que es una forma de tenerte pillado?

MARCOS: Es que si no lo llevas es peor. Cualquier día tiene un fallo gordo y te quedas sin coche.

DAVID: ¡Bah! Con lo que te ahorrarías del mantenimiento, te compras otro. Es como los impuestos. ¿Tú haces la declaración de la renta?

MARCOS: Claro, ¿tú no?

DAVID: ¡Pues claro que no, ignorante! ¿Tú ves que la gente con dinero la haga? Yo llevo ya años sin hacerla, y tan campante. ¡Pues no me he ahorrado yo dinero con eso! (*Se sacude una mosca.*) A la gente como tú la tienen bien pillada, y os exprimen de lo lindo. ¡Seguro que pagas las multas! (*Riéndose.*)

MARCOS: (*Satisfecho.*) Hombre, cuando me han puesto alguna, la he pagado pronto, para pagar menos.

DAVID: ¡Ingenuo! Yo no he pagado ninguna. Lo que tienes que hacer es no recogerlas, haces como que no te has enterado. Es que a la gente como tú se la maneja con facilidad. Os creéis todo lo que os cuentan. Os maneja la publicidad. (*Vuelve a sacudirse la mosca.*) ¡Qué plasta la mosca! ¿Cómo contratas la compañía de teléfono?

MARCOS: (*Molesto.*) Llamé y la contraté.

DAVID: ¿Y te conformaste con la tarifa que te dieron?

MARCOS: Comparé varias y elegí la que me convenía.

DAVID: ¿No les apretaste las tuercas?

MARCOS: Pues no.

DAVID: ¿Ves lo que te digo? Sois como corderitos. Yo cada dos o tres meses les vuelvo a llamar. Les digo que me voy a dar de baja, que he visto una tarifa mejor en otra compañía, y me la bajan. Se acojonan.

MARCOS: (*Cada vez más molesto.*) Es que no tengo tiempo para estar llamando.

DAVID: Ah, bueno, si te conformas con lo que te piden... (*Aleccionador.*) Pero sobre todo, es la actitud de credulidad y sumisión que tenéis. Es como el cambio climático. Han extendido el bulo y ahora todo el mundo está convencido. ¡Y no hay evidencias científicas!

MARCOS: (*Tratando de argumentar.*) Pues yo he oído que está demostrado que está aumentando la temperatura, que corren peligro algunas especies...

DAVID: (*Cortando.*) Yo he oído... dice. (*Vuelve a aparecer la mosca, que se sacude.*) ¡Se va a enterar la mosca! ¿En qué revista científica está demostrado, a ver? ¿Qué universidad lo dice?

MARCOS: (*Cada vez más molesto.*) No sé... Pero está más que...

DAVID: ¡Que no, que os tienen en un puño! Que ahora están intentando vender los coches eléctricos, que no saben qué hacer con ellos, y tienen que convencer a todo el mundo de los peligros de los combustibles fósiles. Ya os vendieron las vacunas contra la Covid, que se forraron pero bien...

MARCOS: (*Sorprendido.*) ¿Tú no te vacunaste?

DAVID: (*Despectivo.*) ¿Yo? A ellos les iba a dar el gusto... ¿No ves que te metían un chip en la sangre? A saber lo que están haciendo con tu cuerpo.

(Silencio molesto. DAVID consulta el móvil. Se sacude la mosca.)

DAVID: ¡Maldita mosca! Sólo viene a mí. ¿Te das cuenta?

MARCOS: (*Se deja llevar por una ocurrencia repentina.*) Claro que me doy cuenta. Eres tú el que no te has fijado hasta ahora.

DAVID: (*Sorprendido de su arranque.*) ¿A qué te refieres?

MARCOS: (*Misterioso.*) ¿No has oído hablar de la Inteligencia Artificial?

DAVID: (*Suficiente.*) ¡Pues claro que he oído hablar! ¡Vaya novedad!

MARCOS: ¿Y de la vigilancia para captar datos? (*Gesto de intriga de DA-VID.*) ¿Estás seguro de que es una mosca? (*Cada vez más intrigado. La observa.*) Fíjate bien. ¿A que no vuela como las demás? Como que no es una mosca. ¡Es un dron!

DAVID: (*Muy sorprendido. Mira con aprensión a la mosca. La evita, pero no se atreve a sacudírsela. Intenta sonreír.*) ¿Qué dices? ¿De dónde te sacas eso?

MARCOS: Las multinacionales de comunicación graban conversaciones para tener grandes bases de datos lingüísticos. Es la materia prima de la IA.

DAVID: (*Con la sonrisa congelada en el rostro.*) ¡Como le dé un guantazo a la mosca se van a enterar las empresas! (*La esquiva.*) Bueno, colega, me voy, que no hay quien se concentre aquí con ese bicho.

MARCOS: (*Irónico, fingiendo un gesto de resignación.*) Yo aguantaré. Todo sea por la IA. ¡Qué le vamos a hacer, es el futuro!

(*DAVID se aleja, receloso. Se baja. MARCOS, sonriendo, vuelve al móvil. Oscuro.*)

ELOGIO DEL AHORRO

Calle concurrida. Paseando, AGUSTÍN *y* BERNARDO, *ancianos muy vitales. El segundo le lleva unos diez años al primero. De vez en cuando, se paran para hablar.*

AGUSTÍN: Pues yo he dormido fatal.
BERNARDO: Yo, como todas las noches. Me duermo enseguida pero luego empiezo a despertarme cada hora. Oigo todas las campanadas.
AGUSTÍN: ¿De la iglesia?

BERNARDO: ¿Qué iglesia? ¡Del reloj del salón!

AGUSTÍN: ¿Tienes reloj de pared? ¡Pues vaya ganas!

BERNARDO: Era de mi mujer. ¿Cómo lo voy a quitar?

AGUSTÍN: (*Señalando una cafetería*) ¿Quieres tomar un café?

BERNARDO: Luego. Pero mejor una tila. A ver si me tranquilizo.

AGUSTÍN: ¿Estás nervioso?

BERNARDO: ¿Y tú no? Si cualquier día nos quedamos sin la casa. ¿Es que no oyes las noticias? No hacen más que entrar en las casas los okupas esos, y se quedan con ellas.

AGUSTÍN: Hombre, yo no he oído ningún caso por aquí.

BERNARDO: Pues será el único sitio, porque la televisión no hace más que decirlo.

AGUSTÍN: No exageres, Bernardo.

BERNARDO: ¡Que no exagere, dice! Pero si es un chorreo... ¡Y el Gobierno no hace nada!

AGUSTÍN: A mí me parece que estás exagerando...

BERNARDO: (*Suena «La gran noche» de Raphael en el móvil. Lo consulta.*) ¡Exagerando, dice! Mira, mira. Otra casa ocupada. (*Se lo enseña.*)

AGUSTÍN: ¿Pero eso qué es? ¿Te canta Raphael cada vez que ocupan una casa?

BERNARDO: ¡No, hombre! Es el periódico, que manda las noticias.

AGUSTÍN: ¿Qué periódico?

BERNARDO: Uno del barrio. Tengo activadas las notificaciones en el móvil.

AGUSTÍN: ¡Coño, qué moderno!

BERNARDO: Mi nieta, que me trastea en el teléfono y me pone de todo. Ahora cada vez que me llaman me sale «Campanera» de Joselito. El otro día me llevé un susto de narices en el mercado.

AGUSTÍN: Oye, pues a ver si tu nieta me pone a mí alguna canción también. (*Transición.*) Y digo yo, ¿ese periódico que te avisa de los okupas, no será uno que está lleno de anuncios de empresas de alarmas?

BERNARDO: No lo sé. Pero me voy a poner una alarma, sí, porque así no puedo vivir. Ni yo ni nadie. El otro día oigo un ruido en la casa de arriba que parecía un terremoto. Subo y veo a la Luisa moviendo los muebles. Y es que iba a atrancar la puerta. Ahora lo hace todas las noches. Cierra las ventanas, aunque se muere de calor, y atranca la puerta.

AGUSTÍN: ¡Os estáis volviendo locos todos! En la radio decían el otro día que en realidad no ocupan tantas casas, que están creando la sensación para vender alarmas y seguros.

BERNARDO: (*Molesto.*) ¡Claro, somos todos tontos! Menos tú, que te lo sabes todo... ¡Nos ha fastidiado!

AGUSTÍN. Pero vamos a ver, ¡melón! ¿Cuántas casas conoces tú que hayan ocupado?

BERNARDO: Yo... ¿Y eso qué más da? ¿Cuántos accidentes de carretera conoces? ¿Eh? ¿Y eso quiere decir que no hay accidentes?

AGUSTÍN: ¡Claro que conozco accidentes!

BERNARDO: ¡Bueno, me da igual! Yo también me protejo, como la Luisa. ¡Ya está! Todas las noches atranco la puerta y cierro las ventanas.

AGUSTÍN: Pues debe de ser una fiesta tu escalera por la noche. Como para ver una película.

BERNARDO: El día que te encuentres tu casa llena de extraños sí que va a ser una fiesta. ¿Es que no has visto que hasta hay empresas que se dedican a desocuparlas? Porque el Gobierno no hace nada. Si entran, ya no hay forma de echarlos. ¡Para eso valen las leyes! Encima, si les haces algo, te denuncian. Así que han salido esas empresas, que saben cómo echarlos.

AGUSTÍN: ¿Y cómo los echan?

BERNARDO: ¡Yo qué sé! Los amenazan, o llegan a acuerdos... El caso es que te devuelven la casa. Pero hay que pagarles, claro.

AGUSTÍN: Otros que estarán haciendo un buen negocio.

BERNARDO: Y eso sin contar los que entran a robar. ¿No te has enterado que han robado a muchos famosos? A Sergio Ramos, a Miguel Bosé... A punto de matar a alguno.

AGUSTÍN: ¿Pero tú qué canales ves, Bernardo? ¡Sólo cuentan desgracias! Podías ver alguna película alguna vez.

BERNARDO: Tú ríete, que como te roben…

AGUSTÍN: A mí, poco me pueden robar. Cuatro cosas: la tele, un reloj, un ordenador viejo… Casi que me hacían un favor si se llevaban algunas cosas.

BERNARDO: ¿No tienes dinero en casa?

AGUSTÍN: ¿Yo? No, claro, yo lo tengo en el banco. Hombre, tengo algo, que saco para pasar el mes, pero poca cosa. ¿A quién se le ocurre hoy en día tener dinero en casa? (BERNARDO *lo mira. Pausa.*) ¿Tú sí? (*Pausa.*) ¡Anda, claro! Ahora entiendo tanto miedo. ¿Tienes dinero en casa? (*Pausa.*) ¿Mucho?

BERNARDO: Es que… Sí, mucho…

AGUSTÍN: ¿Cuánto?

BERNARDO: Varias cajas.

AGUSTÍN: (*Sorprendido*) ¿Cajas? ¡Coño, Bernardo, qué callado te lo tenías! ¿Es que te ha tocado la lotería?

BERNARDO: Era de Lola. Lo iba ahorrando, más lo que heredó de sus padres, de la venta de la casa en el pueblo. Nunca quiso meterlo en el banco, por los impuestos y esas cosas. Lola era muy desconfiada, ya la conocías. Y muy cabezona. No hubo forma. Ya hace un año que murió… y me entra una angustia cada vez que lo pienso… Tengo ahí esas cajas, que voy a tener que meterlo en el banco, porque así no puedo vivir. Con todos esos okupas ahí fuera, que seguro que ya saben que tengo esas cajas, porque todo se sabe. Se lo dices a alguno y lo va pregonando por ahí (*Nervioso, mira a todos lados.*) ¡A ti no se te ocurra contárselo a nadie!

AGUSTÍN: ¡Que no, melón, que no! ¿Cómo lo voy a contar? ¿Y en qué vas a gastarlo?

BERNARDO: Había pensado ayudar a mi nieta.

AGUSTÍN: ¿La de la música?

BERNARDO: Sí. Es que se va a casar, y una ayuda para la entrada del piso le vendría muy bien.

AGUSTÍN: ¡Hombre, ya te digo! ¿Y cuántas cajas son?

BERNARDO: ¡Yo qué sé! Son cajas de polvorones de La Estepa casi todas. Un altillo del armario está lleno. Alguna vez las saco y miro los billetes. Pérez Galdós, Juan Ramón Jiménez, el Rey Juan Carlos, y Celestino Mutis. ¿Sabes quién era Celestino Mutis?

AGUSTÍN: ¿Pero qué billetes son esos?

BERNARDO: ¿El de Celestino Mutis? Pues el billete de 2000 pesetas.

AGUSTÍN: (*Alarmado.*) ¿Pero son pesetas? Si las pesetas ya no …

BERNARDO: ¿Que ya no qué? (*Pausa.* AGUSTÍN *no reacciona.*) ¡Claro que son pesetas! Ahora tendré que cambiarlas. Para eso las tengo que llevar al banco. Que si no, de qué. Se quedarán con un pico, que es lo que no quería mi Lola. Pero qué le voy a hacer.

AGUSTÍN: (*Muy agobiado, no sabe cómo decirle que ya no se cambian.*) Claro… qué le vas a hacer… ¿Y cuándo va a comprar el piso tu nieta?

BERNARDO: No, hasta el año que viene nada. Todavía no están a la venta.

AGUSTÍN: (*Aliviado.*) Ah, pues para qué precipitarte. A lo mejor es preferible que no los cambies todavía. A ver si puedes ahorrarte esa comisión. (*Dirigiéndose a la cafetería.*) Y ahora vamos a tomar ese café. Y miramos ese periódico del barrio, a ver si encontramos una alarma para tu casa.

BERNARDO: (*Vuelve a sonar «La gran noche» de Raphael. Mira el móvil.*) ¿Ves? ¿A que te he convencido?

AGUSTÍN: (*Abrumado.*) ¿La quieres con o sin cámara?

(*Entran en la cafetería. Oscuro.*)

ÍNDICE

El lado torcido del mar

El lado torcido del mar

Graciela Olave Ramos

RiL editores

El lado torcido del mar
Primera edición: mayo de 2025

© Graciela Olave Ramos, 2025

RIL® editores
Sede Santiago de Chile: Los Leones 2258 • cp 7511055 Providencia
☎ (56) 22 22 38 100 • ril@rileditores.com • www.rileditores.com

Sede España
Riells i Viabrea • europa@rileditores.com

Diseño y composición: RIL® editores
Imagen de cubierta: Miguel Prieto Poveda

Impreso en España • *Printed in Spain*

ISBN: 978-84-10248-57-1
Depósito Legal: GI 874-2025

A mamá
y al país que me parieron

i. regreso

víspera

he vuelto para quemarme los ojos

el dolor de mi madre me espera
brilla con la fuerza de un faro
que liquida
a sus últimos náufragos

amanezco bajo el ruido blanco del avión

más allá de la ventanilla
el cordón andino
mastica su sangre naranja
y escupe al cielo de las pasajeras

siesta

corre viento norte en la costanera
trae consigo el espíritu fósil
de mis quince años
los nombres las esquinas
la ciudad   me contagian

atascada como una planta
frente al mercado de Talcahuano[1]
a ratos me convierto en la mirada lacia de los peces
tirada sobre el hielo de los mostradores
a ratos
        me devuelvo
al ronroneo afligido de los lobos marinos
a ratos   yo también
agudizo mis bigotes y descanso

leo   las canciones que el agua suelta:
        simplemente observar
        esperar a que se disuelva
        una bolsa de papitas *Lays*
        que navega hace cuatro siglos

---

1   Ciudad portuaria del sur de Chile.

contorno

recortado por la luz natural
o por su vereda de hiedra
el río Biobío
me hizo el recuerdo natal
de quien fui
o tejió la máscara
de quien soy:
un cuerpo adulto y opaco
y el rostro aniñado de dudas

medio camino

volver a esta ciudad es imitar al agua lluvia
nadar
      cornisa   a   cornisa

          complejo de golondrina
          apariencia de gorrión

algo queda de la costra sobre el río
arenales que prometieron el regreso a la humedad

hoy sigo siendo esa niña
          pegada al retrovisor del auto
          saludo a la ribera

          vibro
             como orilla despeinada

          crezco
             al confundir agua y tierra

escucho reventar al puente
          todavía
          en mí
          es el terremoto del 2010

un ermitaño se persigna y me observa
soy el mismo pichón acurrucado
meditando
inflado de ego
                en medio de la carretera

permiso de circulación[2]

salir del aeropuerto
pegarme a la ventana del *Uber*
el espejo me dice que no
que no soy la niña esa y aun así
me recibe un susto compartido

pido permiso para regresar
pido permiso para visitar
pedir permiso
no da licencias para hacer memoria

no da licencias para dibujar
nuevas memorias

---

2   Documento legal que se solicitaba durante la pandemia del COVID 19
en Chile para poder circular por las calles en los años 2020 y 2021.

carta de relación

aquel año en Concepción leí muy poco
alguna noticia difusa de Barcelona
una publicación de *Instagram*
que anunciaba desde lejos:
todo irá a mejor
las nuevas estructuras
el triunfo de Boric
la era de acuario

cada tres semanas leí a trozos *Las Edades de Lulú*
leí en la sala de espera del hospital
leí en el suelo leí en el sillón
leí empañada sobre mascarillas
                              leí en la vergüenza

leí cada veintiún días
leí cada vez que mi madre rompía el cascarón
y hacía una pantomima
parecida a levantar el vuelo

leí bajo culpa
leí bajo tibieza
leí tatuada por la peste del docetaxel
y levantaba la vista del libro
y todos pensando igual
metidos en nuestras narices de turistas
suavemente tocados por la quimio

entonces volvíamos a casa desfilando
arrastrando en los pies un montón de cables y drenajes
encadenados a esa cruz que sellaba nuestras puertas

y los próximos veintiún días
nuevamente
leíamos tan poco

con la sola ocurrencia de animar
reírnos como bardos tristes
mientras fregábamos tan ciegos
la entrada del reino

en el agua la violencia

el océano se estira
por las intravenosas de mi madre

al fin entendemos la broma hipócrita del Pacífico:
cuna y mortaja a la vez
acumula ondas volcánicas
antes de reventar en temblor

y en vez de ese mar anfibio
hay una playa de migas del pan que no se come
y en vez del temporal
olas y olas
litros y litros de sopa que no se bebe

y mi perro envejeciendo desde marzo dos mil veinte
y este mal augurio que destruye todas las coronas

sábanas como hielos trizados
falsamente entristecidas
falsamente nos abrazan

una gaviota portuaria y sus malditos ojos curvos
no dicen más
que nerviosas formas del cáncer

deseo en la plaza pública

saco mi lengua adolescente otra vez
cargada de frutas
que nadie ha de cosechar
aspiro con ganas este vapor insípido
y me antoja la espera

saboreo el papel celeste de mi mascarilla
pienso en lengüetear espaldas
perfilar con la yema de los dedos
tocar caderas rectas de hombres
huesudos
                    MUERO de hambre
                en medio de la plaza pública

engullo toneladas de mar
un mar asoleado   desinfectado
vertientes de sal, peces y mariscos

                hay un silencio que de mí no se sorprende

nadie reniega nadie me juzga
porque esta ciudad no exige nada
ni nadie
se atreve a besar los ojos de las temporeras

los que se quedaron habitan el desinterés
anidan bajo la pérgola

vagabundos y extranjeros que fingen leer el periódico
hacen oídos sordos a los canutos[3] reveladores
hijos de Dios que gritan fuerte
                            con más hambre que yo
saborean y mastican
su propia tempestad
como quien se endulza la lengua de nicotina

un cardumen de jureles salta
            agoniza sobre la pileta
            corea:

            es el fin del mundo

            y mi grito no es tan brusco como quisiera

---

3   Forma coloquial que se usa en Chile para nombrar a personas que pro-
     fesan la religión evangélica-protestante y que acostumbran a predicar
     en las plazas públicas.

ii. el lado torcido del mar

la gente anida en el puerto de Talcahuano
con los ojos pegados
al encanto del agua

dos adolescentes
echados en la vereda
salivan sobre el reloj

tapan sus oídos con cuellos de lana
para no escuchar el silbido del frío costero

nadie oye a los hermanos
que cuelgan del muelle
hipnotizados
por la siesta de los lobos
                            cerquita de la muerte

la madre compra empanadas de queso
para frenar —¡por un rato que sea!—
el deseo celeste de mirarse en el agua
de quebrarse
contra la dureza del espejo

veinte años después
los niños se transformarán
en un trozo oscuro de cordillera
y el temblor profundo que arrastran en la voz
les volverá a colgar
        los dientes
           las manos
              al olor oxidado de los muelles

por ahora
afuera del mercado
solo el sonido de las empanadas friéndose
y los dedos acechando
vigilan el aceite caliente

imaginan que llega el momento de comer
o convertirse finalmente
en micro
      plás
         ti
           co
             s

en el lado torcido del mar
todos esperan

las gaviotas al camión de la basura
los transeúntes a que la marea
dispare de una vez

algunos pelícanos sobrevuelan
el espejo quebrado de la noche anterior
conversaciones del año pasado
que la sal mantiene siempre vivas

botellas de pisco reventadas
huesos de un pollo asado   que   huyó
del olfato de los perros

un turista pasa
sin fotografiar
la verdadera arqueología del puerto

los turistas
nunca esperan

los turistas aceleran
se domestican
ceden
a la familiaridad de las aves
que empollan e interrumpen sus caminos

y en el idioma de la carroña
la fugacidad no es palabra registrada

y los pelícanos devoran
es cierto
y la misión es caníbal
es cierto

pero nadie puede apurar a la muerte

y entre acumular y deglutir
los pelícanos imitan
la velocidad del mar

amarran el día
a su pausa

iii. una vana palabra

Vendrá la muerte y tendrá tus ojos
—esta muerte que nos acompaña
de la mañana a la noche, insomne,
sorda, como un viejo remordimiento
o un vicio absurdo— Tus ojos
serán una vana palabra,
un grito acallado, un silencio.
Así los ves cada mañana
cuando sola sobre ti misma te inclinas
en el espejo. Oh querida esperanza,
también ese día sabremos nosotros
que eres la vida y eres la nada.
Para todos tiene la muerte una mirada.
Vendrá la muerte y tendrá tus ojos.
Será como abandonar un vicio,
como contemplar en el espejo
el resurgir de un rostro muerto,
como escuchar unos labios cerrados.
Mudos, descenderemos en el remolino.

Poesías Completas, Cesare Pavese

tiempo sobre mojado

la Cruz de Sur[4] abandona el barco
un pez que no cabe en la bañera
aletea enceguecido

no hay nada para gritar
ningún mensaje de auxilio
para lanzar por la ventana del baño

adentro
es la vaguada
rellenando los jarros
diluyendo la costra antigua del vino

por ahora
solo el eco
     de la loza
          contra el tejado
como branquias rebotando
humedecen   y   dilatan

               | las medidas del hogar |

---

4   Constelación que sirve de guía a los navegantes.

advertencia

morir
es quedarse impávida
frente al preludio que celebran las olivas
antes de rodar por el suelo

el balbuceo de una canción aceitosa
incendia el descampado

allí
absuelto
como cordero
el madrigal nos culpará
por la falta de sangre
por la ausencia de **pulso**

en caso de emergencia

abro un pomelo a medianoche
como se abren los libros de poemas
como se abre todo pecho
en caso de emergencia

las cáscaras en el velador[5]
persiguen a las moscas
anuncian que pronto llegará el verano

leo a Zambra con asco cítrico
y las madrugadas que de tan silenciosas
se ponen inquietas
de fondo un coro de gemidos
que mi madre y mi perro
cómodamente ejercen
en medio del dolor

a estas alturas solo me chupo los dedos   cabreada
porque otra vez me enganché a una mala película
o a las notificaciones de alguien (que va y viene) en mi celular

la serie de BDSM me mira sin exigir
nada a cambio
los actores se devuelven del espejo
hacia mi cara lejana
y no esperan nada de mí

---

5   Mesita de noche.

aunque yo desnutro mi tiempo
solo por ellos

                              ay

        fácil es confundir soledad con inocencia

| acto seguido él se concentra
en el desatornillador que le roza el **ombligo**
ella, en cambio, entierra
de improviso
la uña larga de su meñique

la   carne   simula   estirarse

        sin   llegar   a   romper

                    todas sus fibras

            ninguna reclama su derecho a tregua
                se dejan morir de mentira
                bajo el toque frío del metal

afuera el calor de Concepción es amargo
tiritan las lacrimógenas de ayer
como un agua tónica que no descansa
        y sigue
                y sigue
                    empujando sus burbujitas

                                        superficie
                            la
                    hacia

querría cerrar el c(i)elo con la punta del pie
por solo mantenerme
en esta calma quejumbrosa

tránsito

hasta que el dolor se haga costumbre
y se hizo
y tuve miedo

con coágulos de sangre en las manos
con restos de pelo perdido
con aires de forastera
                        volví
                    al centro
                del territorio
                        mío

el barro era tan terso
que no reconocí mi propio rostro
sobre la tierra

tenía mi salud seca como el polen de verano
y mis apellidos pululaban drogados
recriminándose
los unos con los otros

de tanto cuidar desencajé las piezas
de mis propios huesos

hube de completar el puzle
maternar mi marioneta
mover los engranajes

viajar
tropezar con el bombeo

la circulación caliente de mi país

octubre 21

I

me enamoro cada octubre de cada año
en cada ciudad que habito
acostumbro a ser
la nueva vecina
la nueva empleada
la nueva parada
la nueva quebrada
la nueva amiga
la nueva fugitiva
esta vez
la eterna hija

pateo nuevas piedras
de nuevas calles
recojo nuevos nombres
como quien busca en la playa monedas y joyas
que otros dejaron caer

serpenteo la arena
con el descaro de un animal marino
conduzco un detector de metales
que tampoco me pertenece
entonces consigo al fin un par de nombres
para guardar en mi bolsillo

antiguos escudos[6] que luego venderé en el Persa Biobío[7]
tal vez el rostro desfigurado de algún héroe patrio
dispuesto a ser
prontamente de(s)preciado

6   Antigua moneda chilena vigente entre los años 1960 y 1975.
7   Mercado popular donde se venden antigüedades y objetos usados en
     Santiago de Chile.

II

echarme contigo bajo los edificios turísticos
que blanquean los bordes de Viña del Mar
ya es suficiente

nos sacudimos y cuidamos la arena del otro
como si nos conociéramos hace siglos

pido permiso para lamer tus clavículas
quiero tocarte todo el tiempo
grabarme a fuego ese minúsculo instante de comodidad

media encandilada
recorro
tus orejas curvas
tus pestañas largas
aprendo las grietas de tus dedos elefantes
llevo a mi boca tus uñas saladas
que un rato atrás tocaron la orilla torcida
mientras te sacaba esa foto
| que jamás subiré a mis redes sociales |

te manoseo por debajo del pantalón y me río
| con los ojos cerrados para no insolarme
                              de tus bajas
                              revoluciones |
me aprovecho
olvido que hay niños cerca y me apoyo en tu estómago
suspiro a escondidas

de pronto

| soy una soledad absoluta |

pero tu mano en mi cintura es ingenua
y sin saberlo busca aferrarme al continente
        distraerme de mi condición de isla
olvidar que caí en este mundo perdida como meteorito

            un trozo de tierra
        veloz   y   flotante

        una carcajada acostumbrada
        a rebotar sobre su propio eco

III

no nos quedamos a ver cómo anochece
aunque alcanzamos a despedir el día
yo te cuento cosas de mi alma
tú me hablas de otros cuerpos
me preguntas cuál es mi órgano más extraño

                                        mi piel
                                        te digo

cuando en realidad
tengo el pensamiento enroscado de un caracol
y solo vivo por torcer
              girar eternamente hacia mi centro

IV

| quiero salir de los binomios que tanto mal nos hacen |
probar eso de la anarquía relacional
pero apareces tú en los días venideros
inevitablemente
cuando me levanto o me acuesto o lloro por nada
o mi estómago apretado
o mis risas flojas cuando regreso a Concepción
y olvido tareas como apagar el gas o alimentar al perro

                    (vivo en Hambre desde que maté el Hambre)

entro de lleno
como si no fuera la primera vez
en ese cuarto nublado que habito a fin de año

recuerdo entonces que me enamoro así
cada octubre
desde que caí en la derrota

                    (y el ciego mira en dirección acostumbrada)

V

te advierto:
mi cuerpo es una isla donde los hemisferios
se revuelcan con las estaciones
a veces es otoño; horas después, primavera

lo cierto es que muero el 8 de enero
al día siguiente de mi cumpleaños
celebro que llegué al hospital
intoxicada por mis veintiún intentos
de ser más que los nombres
                    las monedas
                    o los pájaros

antes de que nos despidamos
me hundo
con los cangrejos en la arena

el detector no percibe
mi apellido absorbido
por tus napas subterráneas

(incluso los tumores son fagocitados por su propio paisaje)

Portugal 120[8]

I

sentados a contraluz
el día profundiza
las ojeras del deseo

        confundimos palabras
        como cenefa o visillo

voy dando
        botes
            por tu casa

| choco ajena contra tus paredes |
tus cuadros tus libros

nombres viejos   otros
ángulos

cicatrices tuyas que rompen
mi idioma personal

entras tú entre mis caderas
      intruso
      distinto
          como un avión de carga
              lleno de bombas nucleares

---

8   Portugal es una calle en el centro de Santiago de Chile.

es temprano para descubrir
que soy un anfibio
                        de salto
                                    extraviado

aterricé aquí por error
un día en que pretendía ir
                        contra la dirección del viento

de pronto
va más de un mes
desde   que   se   alargó
                                    la mañana siguiente

II

| me sacas una foto encima de ti |
la mitad de la pantalla soy maraña de pelos
la otra una paloma enredada
en los cableados de Portugal

vivo sin ocultarme
la electricidad ha permitido que agonice

a seiscientos voltios
todavía puedo permitirme
existir tranquilamente

tú no alcanzas a ver
más allá de las plumas que caen
desenfadadas
sobre tu cama
rascando en tu historia
agujereando el colchón

apolilladas
en busca de ternura

me sonríes
te sonrío
con el |miedo| incrustado en los dientes

duermes a mi lado —todavía—
porque te he ahorrado
la visión de un ave despellejada

III

escondida en tu balcón escucho al perro de tu vecino
no sé su nombre
pero aprendo de sus rituales:
ladrar al mismo gato todos los días
mear cada mañana en el mismo rincón
gemir en el preciso instante
en que me asomo a tender la toalla
de la primera ducha del día

no sé por qué me oculto
pero desde ahí llamo a mi madre
hablo bajito como quien comete un delito

que regrese a casa me dice
que me acuerde de mi hogar me dice
que vuelva a cuidarla
       exige

estoy en casa
             pienso
                       aunque sea por un instante
estoy en casa
al menos por ahora
al menos en este mediodía sudado de smog
ahogada de tanta bocina de tanto Santiago
                    estoy en casa

en vez de todo eso
me quedo en silencio

no hablo de ti | menos de mí |

el clima sí qué calor sí
la hora del bus sí
volver para ayudar
para quitarme los rastros de ti
sí
la virutilla
sí
dosificar sus medicamentos
sí

antes que todo
rasparme estos nuevos recuerdos

IV

regreso al sofá naranjo
donde los espejismos me contuvieron sobre ti
cuando raudal cuando mi océano
acomodábase
a tu extranjera metereología

y tú
reteniendo con una naturalidad que asusta
la liquidez de mi amor

V

de vuelta en casa (?)
me quito los zapatos porque los caminos de pronto
tienen los huesos tan anchos
que allí mi retorno no cabe
menos aún
los ligamentos del calendario

†

iv. Barcelona: casa animal

antes de marchar

guárdame
en tus ojos de venado
por ellos vendré más tarde que nunca
por ese silencio tuyo que abriga desinteresado
la falange de mis dedos

huesos y sangre distraen sus fronteras
y el solo pestañeo de tu herida
apaga el noticiero
reúne continentes

sueño que estoy junto a mi abuela
sobre tus párpados
recostada así es como una niña de Dios
el Norte desgrana paciente
sus dientes blancos su pelo blanco
        uno a uno sus cabellos
                blancos como mis pies molidos
                        la tarde en que partimos de tu habitación
                        la tarde en que cruzamos el charco

nuestro desierto está hecho de muertos   te digo
miles de escaras se camuflan en la arena
y desarman a los niños que se perdieron
en la primera ola

mientras
tú te apoyas en mi garganta
con tu color de vidrio roto
tus montañas desnudas derretidas

                    agotan mi agua

sin embargo has transformado los restos turbios
de lo que un día fue nuestro país

y embetunaste de violencia de tanto reír
con un café de canciones oscuras
a esta herida resignada

y así
     tan desnuda
         tan sola
como una fotografía de flores atacameñas
todo lo que era familiar se llenó
de tus **pocas** palabras

y aunque escasas
yo las junté
y las llevé a orilla de playa
para que probaran el agua de mí
               la sal de mí

               y se reprodujeran

así
los pies mojados
tu sonrisa vasta como la curva del mar
se hizo en mi fiebre
en este nuevo color

hasta este punto

hundida en ti
hasta el punto de hacerme con tu sangre
en cada tendón en cada ligamento
poso mi garra de pájaro silvestre
reconozco de inmediato
tus cables de alta tensión
me arriesgo porque mi canto
se escucha más fuerte en tu mano ahuecada
y el eco aprieta
                    dul ce mente

no entiendo cómo romper este hechizo
a pesar de las instrucciones del bosque

tu sonido quiebra mis huesos
y en un instante los reconstruye

hundida en ti   sí estoy
hasta el punto de hacerme con tu piel
en cada fibra en cada músculo
nazco
soy un niño herido
vulnerado por los dioses
rota por sus designios

me sumerjo con la boca en tu cuello
y padezco el latido primitivo de tu tristeza

allí me quedo un rato
desorientada
hundida en ti
en tu cuerpo que brota como un mar inflamable
las raíces rompen con fuerza bruta

penetrada por ti | hundida en ti
las palabras que no digo se unen con las que tú no dices
el silencio a pleno tan denso
estalla en petróleo
cuelga de mi cadera como una falda de hierro
que paseo por tu casa
mi casa

lo   manejo   al   revés   y   al   derecho
                    mi silencio tu silencio

hundida en tu zona cero
las partes claras de tu corazón
me duelen de solo verte

hay una crueldad de flores frescas en tu alma
y revienta en mi nariz
tu afán de primavera

cae la noche en nuestro hogar
las bandurrias recién sacan a sus crías
aquí   **en este país**   es tarde
los vecinos cocinan en voz baja
hay un calor de piedra como la calle
hay un calor de piedra como tu rostro o tu madera

y entro nuevamente
intento picar   fundir   sin resignarme
hundida en tu implacable material
torcida desparramada
me hago de ti   de tu solidez
de tus principios

revuelta en tu pelo aferrándome
como se aferran los niños a los parques

no me quito de este valle aunque no descanse

sería más fácil caer
como una cabra que ha calculado mal
reconocerte en la llanura
triturar todo mi amor sobre el pavimento:
besar la foto tras el cristal
como guardaban las mujeres antiguas
un retrato de quien ha perdido
largas y ancestrales guerras

tienes el ceño fruncido la boca rígida
el rostro altivo tu foto estática
pero la vena de tu cuello vibra
y escucho tu sangre con nitidez

¡qué vivo estás!
no puedo creer que eres de carne y hueso

vamos a dormir, dices
me tomas de la mano
nos acostamos en nuestra cama

ahora
te hundes tú en mí
me aprietas a tu contorno
y creo que solo puedo quedarme allí
al borde de tu entereza
dormida en el fondo de todos tus ríos
atenta a cómo el agua corre dentro de ti

mañana será otro día
me dices
entonces guardo mi martillo en el sótano

el cauce nunca es el mismo
y este es mi último pensamiento

a tu costado soy simple

a tu costado soy un brote de temporada
un manojo de albahaca una lechuga de hojas firas
soy tierna soy jugosa
hago de barro lo que toco
desmiento borroneo
la línea entre tu pelo y la almohada

cierro las persianas a las once de la noche
permito
que bajen los vapores que duerman las banderas

dejo entrar a la nube
dejo llover a mis huesos
sobre tus huesos

no tengo miedo de tropezar con tu voz de árbol
no tengo miedo de enfrentarme
a tu salto a tu respiración de gigante

soy valiente soy ágil
escalo tus pies me encaramo
resbalosa trepo tus rodillas
a mitad de camino me enredas el pelo
como un bosque que sobrevive al temporal
y siglos más tarde relata
la espesura de los huracanes

me acostumbro a tu paisaje amaderado
llegan los días verdes y escucho a nuestras plantas

romper los vidrios descuadrar las puertas
presiento
miles de viajes
miles de días aburridos
tardes dormitando en el escritorio con una taza de tila
horas y trozos de horas
unos más incendiados que otros
doblegar tus ojos grandes tu nariz ancha
tu frente honda

el entendimiento

haz conmigo una casa dijimos
respondimos
        haz conmigo una trampa de ratones
        para que el minutero la muerda

ya no es suficiente tanto amor
necesito
inmortalizar este abrazo líquido
el sexo acogedor como un plato de legumbres
como una ducha caliente a las seis aeme
como una sencilla huerta de familia
como un recuerdo de zancudos en el río
como una carretera larga escuchando *Bocanada*
como un verano distendido
como un temblor de ángeles

ya no es suficiente con esta simpleza
necesito contarte
cada uno de los cabellos

necesito contarte

casa animal

dicen que los gatos tienen siete vidas
y en cada una de ellas
antes de morir
se detienen frente al espejo
para nombrarse nuevamente

pero yo siempre fui un perro de gustos felinos
y acaricié las piernas de mis humanos
y adquirí sin protestar
los nombres que me dieron
comí de sus manos
besé sus mejillas con euforia
y aullé crudamente sus ausencias

cuando dijeron
ven aquí, échate
fui o vine
sin pensarlo dos veces

hoy despierto frente al espejo
por sexta vez
rasguño mi sofá
muerdo mis propios calcetines
no tengo nombre todavía
nada más que mi casa
puede nombrarme

o el tacto caliente de otro animal
o la velocidad escandalosa de mi sangre

estoy
más gata que humana
más perra que gata
bestia sí
bestia más que nada

Índice

Este libro se terminó de imprimir
en mayo de 2025

RIL® editores • España

europa@rileditores.com

Se utilizó tecnología de última generación que reduce
el impacto medioambiental, pues ocupa estrictamente el
papel necesario para su producción, y se aplicaron altos
estándares para la gestión y reciclaje de desechos en
toda la cadena de producción.